나혼자 끝내는
바른 글씨
쓰기 연습

나혼자 끝내는 바른 글씨 쓰기 연습 (민트)

지은이 윤혜진
펴낸이 임상진
펴낸곳 (주)넥서스

초판 1쇄 발행 2017년 5월 10일
초판 18쇄 발행 2024년 8월 5일

출판신고 1992년 4월 3일 제311-2002-2호
주소 10880 경기도 파주시 지목로 5
전화 (02)330-5500 팩스 (02)330-5555
ISBN 978-89-98454-94-4 13640

저자와 출판사의 허락 없이 내용의 일부를
인용하거나 발췌하는 것을 금합니다.

가격은 뒤표지에 있습니다.
잘못 만들어진 책은 구입처에서 바꾸어 드립니다.

www.nexusbook.com

나혼자 끝내는
바른 글씨 쓰기 연습

바른글씨연구소 소장 윤혜진 지음

바른글씨연구소와 함께하는 악필 탈출 프로젝트!

하루 30분 투자로 나날이 향상하는 글씨를 확인해 보세요.
부끄러운 글씨체는 이제 그만! 25일 후엔 글씨를 자신있게 쓸 수 있어요.

넥서스

예전에는 글씨를 매우 중요하게 여겼습니다. 마치 글씨를 잘 써야만 공부도 잘할 수 있는 것처럼 기본으로 꼽은 것이 바로 필체였습니다. 하지만 급변하는 세상 속에서 수많은 정보를 습득하고 문제 해결력을 키우는 일이 급선무가 되면서 글씨 쓰기보다 먼저 시간을 투자해야 하는 일들이 많아졌습니다. 게다가 많은 부분이 디지털화되어 힘들게 쓰지 않고도 더 빠르게 필기하고 저장하고 공유할 수 있는 여러 가지 방법이 생겼습니다.

그렇다면 손글씨가 없어질 법도 한데 그렇지 않습니다. 오히려 더 많은 필기구와 공책들이 개발되고 손글씨는 붓글씨와 결합하여 일상을 넘은 예술로 승화되었습니다. 웹 도서가 생겨났다고 해서 종이책이 없어지지 않는 것과 마찬가지입니다.

글씨를 잘 쓰면 사람이 다르게 보인다고 합니다. 필체로 인상이나 인격을 판단하는 것은 사실 무리가 있음에도 겉으로 드러나는 것에 기준을 두고 있으니 외모와 표정, 차림새, 음성, 말투, 사용하는 어휘의 수준, 그리고 글씨체에 이르기까지 감각기관을 통해 받아들인 정보들을 토대로 그 사람의 인상을 느끼게 되는 것입니다. 그래서 사람들은 바쁜 틈틈이 글씨를 잘 쓰고 싶다는 욕구를 갖게 됩니다. 적어도 다시 읽을 때 알아볼 수 있는 수준의 글씨체는 꼭 필요한 것이 되었습니다. 이 책에서 다루고자 하는 내용은 단순합니다.

첫째, 기본 필체를 익혀 가지런한 글씨를 쓰고, 속도를 내어 써도 심하게 흐트러지지 않는 글씨체를 습득하는 것입니다. 여기서 말하는 기본 필체는 고딕체입니다. 고딕체는 처음 연습할 때는 딱딱해 보이지만 익숙해지고 나면 얼마든지 변형이 가능하고, 무엇보다 획이 정확해서 빨리 써도 쉽게 읽히는 글씨를 쓸 수 있게 됩니다.

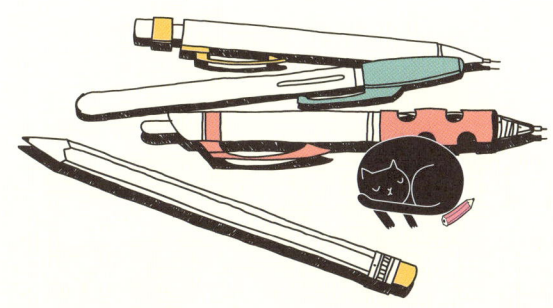

둘째, 기본 필체를 변형한 여러 가지 글씨체의 원리를 파악하여 나만의 글씨체를 만드는 것입니다. 같은 글씨를 보고 그대로 따라서 써도 사람마다 다릅니다. 글씨는 펜을 잡는 방법과 힘의 조절, 그리고 신체적인 조건에 따라 민감하게 차이가 납니다. 표본으로 삼은 필체와 여러 조건들이 만나 새로운 글씨체가 탄생하게 되는 것입니다. 그러니 똑같이 써지지 않는다고 실망할 것이 아니라 꾸준히 연습하여 개성이 있으면서도 일관된 글씨를 쓸 수 있도록 지속적인 노력을 해야 합니다. 악필이라도 글씨체에 관심을 갖고 교정을 하고자 한다면 잠재적으로 재능이 있는 것입니다. 일단 펜 잡는 법을 익히고 글씨를 정성 들여 쓰는 순간부터 조금은 달라진 글씨를 만날 수 있습니다. 그리고 개인차가 있지만 매일 30분씩 꾸준히 연습하면 한 달 정도 후에는 효과가 나타날 것입니다.

하지만 조금 잘 써진다고 해서 연습을 멈추고, 속도를 내어 대충 쓰다 보면 다시 원래의 글씨체로 돌아가고 맙니다. 사람의 몸이 더 익숙한 것을 기억하고 있기 때문입니다. 평소 빠른 글씨로 필기를 한다거나 급하게 메모를 해야 할 때는 시간에 쫓기니 습관대로 할 수밖에 없습니다. 단 매일 연습하는 시간 동안은 차분하게 훈련해야 합니다. 글씨체는 평생 사용할 것이기 때문에 시간과 노력을 투자할 가치가 있습니다. 이 책을 통해 바른 글씨 쓰기의 기본을 익힌 후에 매일 잠깐이라도 글씨 연습을 꾸준히 하시면 좋겠습니다. 정성을 들여 일기를 쓴다든지 책 속의 좋은 글을 필사하는 것도 글씨 연습을 하는 데 좋습니다.

글씨는 정직합니다. 순수하게 노력에 대한 보답을 해줍니다. 좋은 필체를 타고나지 못했더라도 연습을 통해 나아질 수 있습니다. 중간에 실력이 늘지 않는 정체기가 오더라도 중단하지 않고 꾸준히 노력하여 원하는 글씨체를 갖게 되길 바랍니다.

바른글씨연구소 소장 윤혜진

글씨 교정 방법

Before you start
먼저 글씨를 잘 쓰기 위해 필요한 기본적인 사항들을 살펴보세요. 글씨를 바르게 쓸 수 있는 바른 자세와 연필을 잡는 방법부터 글자를 균형 있게 쓰기 위한 방법까지 사진과 함께 친절하게 설명해 줍니다. 악필인 분들도 이 팁만 잘 익혀 두면 균형 잡힌 반듯한 글씨를 쓸 수 있습니다.

Part 1 기본체 글씨 연습하기
본격적인 글씨 쓰기 연습은 이제부터입니다. 모든 한글 서체의 가장 기본이 되는 고딕 서체로 한 글자부터 단어, 문장, 긴 글까지 점차 글자 수를 늘려가면서 반듯하게 쓰는 연습을 합니다. 실제로 쓸 일이 많은 작은 글씨 쓰기와 줄 없는 종이에 쓰기 연습을 하며 글씨 쓰기의 기본기를 확실하게 익힐 수 있습니다.

바른글씨연구소 소장님의 동영상강의를 들어 보세요.
스마트폰으로 QR코드를 스캔하면 볼 수 있습니다.
유튜브에서 🔍 바른글씨쓰기연습 을 검색해도 강의를 볼 수 있습니다.

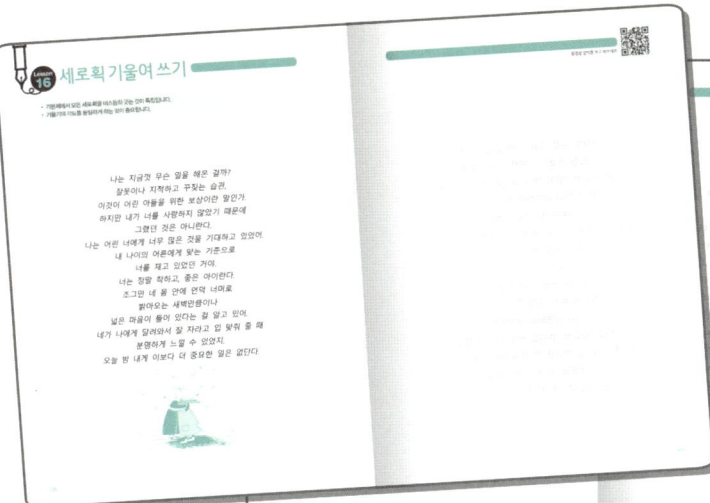

Part 2 여러 가지 글씨체 응용하기

기본체를 익힌 다음에는 이를 응용한 다양한 글씨체로 글씨를 써 봅니다. 이 책에서는 정자체 쓰기, 가로획 올려 쓰기, 둥글려 쓰기 등 10가지 글씨체를 소개하고 있습니다. 여러 가지 글씨체로 써 보면서 자신에 맞는 서체를 찾아보세요.

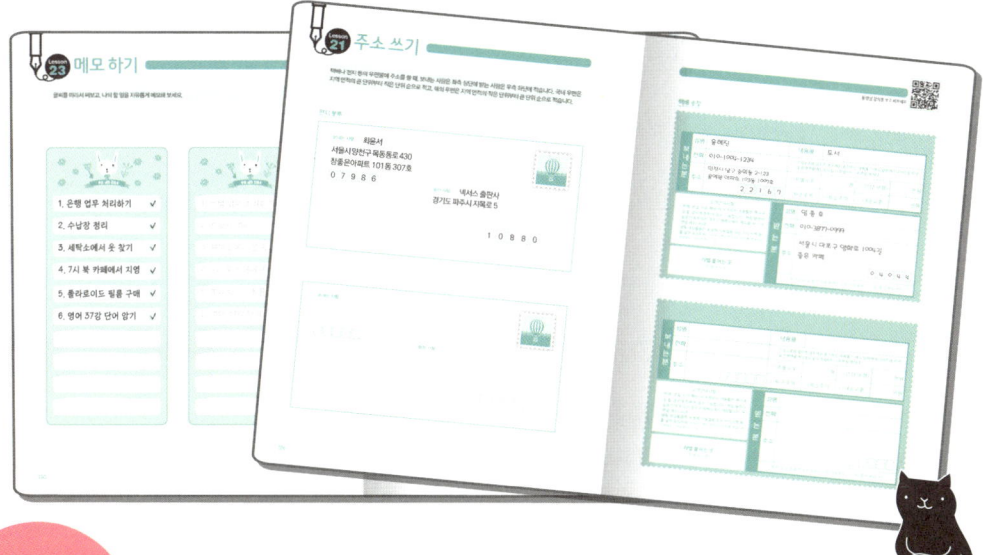

Part 3 생활 속의 글씨 쓰기

예전에 비해 손으로 글씨를 쓸 일이 줄었지만, 아직까지 우리 주변에는 손글씨가 필요한 상황이 의외로 많습니다. 편지 봉투, 생일 축하 카드, 메모, 다이어리 등 실생활에서 필요한 글씨 쓰기 연습을 해 보세요.

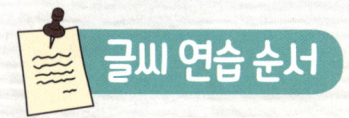 글씨 연습 순서

Before you start · 글씨를 잘 쓰기 위한 준비

	page	date
글씨 연습을 할 때	012쪽	월 일
자세와 연필 잡는 법	013쪽	월 일
글자의 구성과 균형	015쪽	월 일
자간 붙이기와 띄어쓰기	015쪽	월 일
필기구의 선택	016쪽	월 일
손풀기 연습	017쪽	월 일

Part 1 · 기본체 글씨 연습하기

		page	date
Lesson 01	글자의 구조 익히기 1	020쪽	월 일
Lesson 02	글자의 구조 익히기 2	028쪽	월 일
Lesson 03	글자의 구조 익히기 3	036쪽	월 일
Lesson 04	단어 쓰기 ㄱ~ㅂ	042쪽	월 일
Lesson 05	단어 쓰기 ㅅ~ㅎ	048쪽	월 일
Lesson 06	짧은 문장 쓰기	054쪽	월 일
Lesson 07	작은 글씨 쓰기	060쪽	월 일
Lesson 08	줄 공책에 연습하기	066쪽	월 일
Lesson 09	줄이 없는 종이에 긴 글 쓰기	074쪽	월 일

Part 2 여러 가지 글씨체 응용하기

		page	date
Lesson 10	정자체 쓰기	082쪽	월 일
Lesson 11	가로획 올려 쓰기	086쪽	월 일
Lesson 12	둥글려 쓰기	090쪽	월 일
Lesson 13	초성 크게 쓰기	094쪽	월 일
Lesson 14	동글동글 귀엽게 쓰기	098쪽	월 일
Lesson 15	또박또박 차트 글씨 쓰기	102쪽	월 일
Lesson 16	세로획 기울여 쓰기	106쪽	월 일
Lesson 17	정자체 올려 쓰기	110쪽	월 일
Lesson 18	정자체 흘림 쓰기	114쪽	월 일
Lesson 19	기울어진 필기체 쓰기	118쪽	월 일

Part 3 생활 속의 글씨 쓰기

		page	date
Lesson 20	숫자 쓰기	124쪽	월 일
Lesson 21	주소 쓰기	126쪽	월 일
Lesson 22	경조사 봉투 쓰기	128쪽	월 일
Lesson 23	메모 하기	130쪽	월 일
Lesson 24	계획표 작성하기	132쪽	월 일
Lesson 25	카드 쓰기	134쪽	월 일

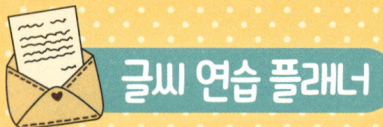
글씨 연습 플래너

Lesson 01
글자의 구조 익히기 1
20p
date

Lesson 02
글자의 구조 익히기 2
28p
date

Lesson 03
글자의 구조 익히기 3
36p
date

Lesson 04
단어 쓰기 ㄱ~ㅂ
42p
date

Lesson 05
단어 쓰기 ㅅ~ㅎ
48p
date

Lesson 06
짧은 문장 쓰기
54p
date

Lesson 07
작은 글씨 쓰기
60p
date

Lesson 08
줄 공책에 연습하기
66p
date

Lesson 09
줄이 없는 종이에 긴 글 쓰기
74p
date

Lesson 10
정자체 쓰기
82p
date

Lesson 11
가로획 올려 쓰기
86p
date

Lesson 12
둥글려 쓰기
90p
date

Lesson 13
초성 크게 쓰기
94p
date

Lesson 14
동글동글 귀엽게 쓰기
98p
date

Lesson 15
또박또박 차트 글씨 쓰기
102p
date

Lesson 16
세로획 기울여 쓰기
106p
date

Lesson 17
정자체 올려 쓰기
110p
date

Lesson 18
정자체 흘림 쓰기
114p
date

Lesson 19
기울어진 필기체 쓰기
118p
date

Lesson 20
숫자 쓰기
124p
date

Lesson 21
주소 쓰기
126p
date

Lesson 22
경조사 봉투 쓰기
128p
date

Lesson 23
메모 하기
130p
date

Lesson 24
계획표 작성하기
132p
date

Lesson 25
카드 쓰기
134p
date

30분씩 글씨를 쓰세요!

동영상 강의를
들어 보세요

글씨를
잘 쓰기 위한 준비

글씨 연습을 할 때

손글씨 연습은 누구나 간단히 시작할 수 있는 것이 장점입니다. 종이와 펜은 쉽게 구할 수 있고, 휴대하기도 간편하니까요. 그럼에도 교정에 성공하지 못하는 사람들이 많은 이유는 매일 실천하는 것이 어렵기 때문입니다. '이 세상에서 가장 이기적으로 사용해야 할 것은 시간이다'라는 말이 있습니다. 글씨체 교정을 우선순위에 두고 날마다 실행하고자 노력해야 합니다.

매일 글씨를 쓰기 전에 쓰고 싶은 글씨체를 보며 30초간 이미지 트레이닝을 합니다. 그 글씨를 자신이 쓴 것이라고 생각하고, 그런 필체로 논술시험이나 자기소개서를 쓰는 상상을 해보세요. 아니면 누군가에게 편지를 쓰거나 메모를 하는 모습을 떠올려 보세요. 30초는 짧은 시간이지만, 가상의 30초는 많은 일을 현실로 만들어 줄 힘을 가지고 있습니다. 이미지 트레이닝은 실전에 앞서 마음을 준비시키므로 많은 시간 연습하는 것 이상의 효과를 가져다줍니다.

연습 시간은 30분을 넘기지 않는 것이 좋습니다. 처음엔 힘이 많이 들어가기 때문에 팔과 손목, 손가락이 아플 수도 있고, 무리한 연습은 매일 하지 못하는 이유를 만듭니다. 단 1분이라도 매일 꾸준하게 연습하시는 것이 좋습니다.

자세와 연필 잡는 법

바른 자세와 종이의 위치

책상 앞에 앉아 허리를 곧게 세우고 종이를 앞쪽 약간 우측(오른손잡이 기준)에 바르게 놓습니다. 의외로 자세가 바르지 않거나 종이를 기울여 놓고 쓰는 경우가 많습니다. 종이를 기울여 놓고 쓰면 당장은 편하고 잘 써지는 것처럼 느껴지지만 점차 몸도 비틀어지게 되고 종이의 기울기에 맞춰 고개도 삐딱해져 결과적으로는 글씨의 획이나 글의 행을 바르게 쓰기 어렵게 됩니다. 처음부터 바른 자세를 몸에 익혀 안 좋은 습관이 생기지 않도록 합시다.

연필 잡는 법

글씨가 원하는 대로 써지지 않을 때는 손의 악력(쥐는 힘)을 키우고 연필을 바르게 잡는 것만으로도 많은 변화가 생깁니다. 가장 좋은 것은 연필을 쥔 손에만 힘을 주고 어깨와 팔의 힘은 빼고 쓰는 것인데, 처음에는 팔 전체가 경직되는 경향이 있습니다. 글씨 쓸 때는 팔이 자유로워야 원하는 대로 연필을 다룰 수가 있습니다. 계속 힘이 들어가면 금방 지치고 글씨체가 좋아지는 것에도 한계가 있으니 연습하면서 차차 어깨와 팔에 들어간 긴장을 이완하도록 합니다. 연필 잡는 법을 보고 먼저 기본형을 익힌 후에 필요에 따라 나머지 방법들도 활용해 보세요.

✏️ 팔목을 편안하게 하여 연필대를 기울게 잡고 쓰기 [기본형]

연필을 잡고 팔목을 편안하게 놓으면 연필대가 사선으로 기울어지는데, 이것이 가장 보편적이고 바르게 연필을 잡는 방법입니다. 손의 구조상 의식하지 않고 가로선을 그으면 비스듬히 올라가는 가로선이 그어집니다. 선이 없는 종이에 글을 쓸 때도 자연스럽게 글씨가 점점 위로 올라갑니다. 가로선을 바르게 그으면서 한 줄을 일렬로 가지런히 쓰려면 지속적으로 신경을 써야 합니다.

✏️ 팔목을 꺾어 연필대를 일자로 잡고 쓰기

 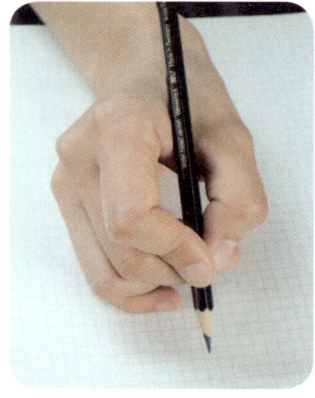

연필을 편안하게 잡은 상태에서 팔목을 바깥쪽으로 살짝 꺾으면 연필대가 일자가 됩니다. 기본형으로 연필을 잡고 쓸 때 가로선이 바르게 안 그어진다면 당분간 이 방법으로 연필을 잡고 쓰면 도움이 됩니다. 처음엔 팔목을 꺾는다는 것이 부자연스럽고 불편하지만 계속 연습하다 보면 팔목의 각도를 자유자재로 조절하는 힘을 갖게 되고 손목을 움직이는 반경이 넓어지기 때문에 글씨를 원하는 대로 자유롭게 쓸 수 있습니다. 가로선이 잘 그어지고 줄글을 가지런히 쓸 수 있게 되면 원래대로 편안하게 잡고 다시 써보세요. 선과 열을 맞추는 것을 조절할 수 있게 됩니다.

✏️ 연필을 당겨 잡아 심을 세워서 쓰기

기본형으로 편안하게 잡은 상태에서 주먹을 쥔다고 생각하고 손가락을 오므리면 기울었던 연필대가 위를 향해 서게 되면서 연필심의 가장 끝부분만 종이에 닿게 됩니다. 손아귀에 힘이 들어가기 때문에 강하고 날카로운 느낌의 글씨를 쓸 수 있으며 펜에 따라서는 가늘고 정밀한 표현이 가능합니다. 긴 문장을 쓸 때 연필을 당겨 잡으면 손이 아파서 글씨체를 일관되게 유지하기 어려우니 짧은 문장을 개성 있게 쓰고자 할 때 사용하는 것이 좋습니다.

✏️ 연필대를 멀게 잡고 쓰기

연필대를 멀게 잡으면 지면에 닿는 연필심의 끝에 힘이 적게 전달되어 자연스럽고 부드러운 느낌의 글씨를 쓸 수 있습니다. 이 방법 역시 긴 문장을 쓸 때는 적합하지 않고, 간단한 글을 적을 때 사용하면 편리합니다.

글자와 구성과 균형

한 글자를 구성하는 자음·모음·받침의 모양과 크기, 위치를 조절하여 균형 잡힌 글씨를 씁니다.
(이 내용은 Lesson 01~03 글자의 구조 익히기에서 자세히 설명합니다.)

- 세로선은 세로로 바르게, 가로선은 가로로 바르게 하는 것이 기본입니다.
  기본을 잘 익히고 나면 여러 가지 글씨체로 응용할 수 있게 됩니다.
- 자음이 너무 커지거나 작아지지 않도록 주의하세요.

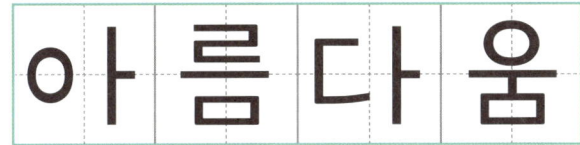

자간 붙이기와 띄어쓰기

한 글자 한 글자 따로 보면 잘 쓴 것 같은데 전체적으로 산만한 글씨가 있는가 하면 하나씩 떼어 보면 그다지 좋은 필체가 아닌데 정갈하게 느껴지는 글씨가 있습니다.

긴 글을 쓰고 나서 전체적으로 봤을 때 정리가 잘 된 느낌을 주려면 한 가지 요령을 익혀야 합니다. 우선 자간을 바짝 붙여 쓰고, 띄어쓰기는 한 글자 정도의 공간을 남기는 것입니다. 명필이 아니라도 자간 붙이기와 띄어쓰기만 잘하면 한눈에 단정하게 보이고 글이 잘 읽힙니다. 어쩌면 이것은 균형 잡힌 글자의 모양보다 더 앞서 알고 있어야 할 사항입니다. 글씨체를 바꾸는 데는 시간이 많이 걸리지만 이러한 요령은 며칠만 연습하면 익힐 수 있기 때문입니다.

목표를 ✓보는 ✓자는 ✓장애물을 ✓겁내지 ✓않는다.

필기구의 선택

B 연필, HB 연필

연필심은 흑연과 점토를 섞어서 만드는데 흑연의 함량이 높을수록(B) 물러서 진하게 써지고 점토의 함량이 높을수록(H) 단단해서 연하게 써집니다. 처음 글씨체 연습을 할 때는 B 연필을 사용하다가 원고지 칸 이하의 작은 글씨를 연습하는 단계에서 HB 연필로 바꾸는 것이 가장 이상적입니다. 또한 삼각형이나 육각형의 연필대가 손에 쥐었을 때 딱 맞아서 편하게 쓸 수 있으니 참고하여 선택하시기 바랍니다.

1.0 mm 볼펜, 0.7 mm 볼펜

연필로 글씨를 쓰는 것이 익숙해지면 실생활에서 흔히 사용하는 볼펜과 혼용하여 연습합니다. 처음에는 1.0 mm의 굵은 볼펜으로 쓰다가 힘 조절이 자연스러워지면 0.7 mm 볼펜을 사용하여 연습합니다.

여러 가지 필기구

좋은 필기구는 필체를 더욱 돋보이게 합니다. 필기할 때 편하게 느껴지는 펜대가 있고, 글씨체마다 잘 어울리는 펜이 있습니다. 이는 사람마다 신체 조건이나 습관, 글씨체가 다르기 때문에 직접 써보며 선택하는 것이 바람직합니다. 자신에게 잘 맞는 펜을 선택하여 자신감과 만족감을 느껴 보시기 바랍니다.

손풀기 연습

본격적인 글씨 연습을 시작하기 전에 연필 잡는 법에 주의하면서 선 긋기 연습을 해 보세요.

기본체는 누구나 알아볼 수 있는 반듯한 글씨체로 모든 필체의 기준이 됩니다.

숙달된 후에는 속력을 내어 써도 많이 흐트러지지 않으므로 성실하게 연습하면

적어도 악필에서는 벗어날 수 있습니다. 기본체를 쓸 때 가장 중요한 것은

가로획은 가로로 바르게, 세로획은 세로로 바르게 쓰는 것입니다.

준비 운동을 하듯이 기본체 연습으로 손을 풀고 시작해 봅시다.

다른 필체로 쓰다가 잘 안 될 때는 또박또박 기본체를 다시 연습해 보세요.

Part 1
기본체 글씨 연습하기

Lesson 01 글자의 구조 익히기 1

모음의 위치에 따른 자음의 위치와 모양에 주의하며 글자를 써 보세요.
아래 기본 원칙 안에서 글자에 따라 위치를 약간씩 조정하면 균형을 맞출 수 있습니다.

받침이 없는 경우

모음이 우측에 올 때 (ㅏ,ㅑ,ㅓ,ㅕ,ㅣ,ㅐ,ㅒ,ㅔ,ㅖ)

- 자음은 1, 3의 중간 부분에 씁니다.
- 모음은 2, 4의 중간 부분에 씁니다.

모음이 아래에 올 때 (ㅗ,ㅛ,ㅜ,ㅠ,ㅡ)

- 자음은 1, 2의 중간 부분에 씁니다.
- 모음은 3, 4의 중간 부분에 씁니다.

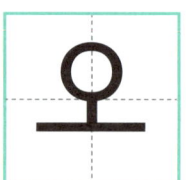

모음이 아래와 우측에 겹쳐서 올 때 (ㅘ,ㅙ,ㅚ,ㅝ,ㅞ,ㅟ,ㅢ)

- 자음은 1의 아래쪽에 씁니다.
- 아래 모음은 3의 위쪽에 씁니다.
- 우측 모음은 2, 4의 중간 부분에 씁니다.

 받침이 있는 경우

모음이 우측에 올 때 (ㅏ, ㅑ, ㅓ, ㅕ, ㅣ, ㅐ, ㅒ, ㅔ, ㅖ)
- 자음은 1에 씁니다.
- 모음은 2에 씁니다.
- 받침은 3, 4의 중간 부분에 씁니다.

모음이 아래에 올 때 (ㅗ, ㅛ, ㅜ, ㅠ, ㅡ)
- 자음은 1, 2의 중간 윗부분에 씁니다.
- 모음은 가운데 경계선 부분에 씁니다.
- 받침은 3, 4의 중간 부분에 씁니다.

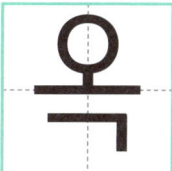

모음이 아래와 우측에 겹쳐서 올 때 (ㅘ, ㅙ, ㅚ, ㅝ, ㅞ, ㅟ, ㅢ)
- 자음은 1의 윗부분에 씁니다.
- 아래 모음은 1, 3의 경계선 부분에 씁니다.
- 우측 모음은 2에 씁니다. 길이는 우측 글자의 길이에 맞추어 조정합니다.
- 받침은 3, 4의 중간 부분에 씁니다.

Lesson 01 글자의 구조 익히기 1

ㄱ 쓰기

가					고				
야					교				
거					구				
겨					규				
기					그				

개					걔				
게					계				
과					괘				
괴					궈				
궤					귀				

ㄱ 받침 쓰기

각	녁	독	맥	숙	약	직	척	텍	확	깍	쭉

ㄴ 쓰기

나	냐				노	노			
냐	냐				뇨	뇨			
너	너				누	누			
녀	녀				뉴	뉴			
니	니				느	느			

내	내				네	네			
놔	놔				놰	놰			
뇌	뇌				눠	눠			
뉘	뉘				늬	늬			

ㄴ 받침 쓰기

| 건 | 년 | 돈 | 른 | 뭔 | 빈 | 순 | 완 | 캔 | 현 | 떤 | 뿐 |
| 건 | 년 | 돈 | 른 | 뭔 | 빈 | 순 | 완 | 캔 | 현 | 떤 | 뿐 |

Lesson 01 글자의 구조 익히기 1

ㄷ 쓰기

다				도			
댜				됴			
더				두			
뎌				듀			
디				드			

대				데			
돼				되			
둬				뒤			

ㄷ 받침 쓰기

| 갇 | 걷 | 곧 | 굳 | 닫 | 딛 | 듣 | 믿 | 묻 | 받 | 뜯 | 뻗 |
| | | | | | | | | | | | |

2 쓰기

라		로	
랴		료	
러		루	
려		류	
리		르	

래		레	
례		뢰	
뤄		뤼	

2 받침 쓰기

굴 될 럴 뭘 벨 솔 을 즐 출 켤 활 뺄

Lesson 01 글자의 구조 익히기 1

쓰기

마		모	
야		묘	
머		무	
며		뮤	
미		므	

매		메	
뫼		뭐	
뮈			

받침 쓰기

| 굼 | 님 | 듬 | 맴 | 벰 | 솜 | 염 | 쥠 | 탐 | 험 | 땀 | 뽐 |

ㅂ 쓰기

바			보	
뱌			뵤	
버			부	
벼			뷰	
비			브	

배			베	
봐			봬	
뵈			뷔	

ㅂ 받침 쓰기

| 겁 | 돕 | 랍 | 뵙 | 습 | 입 | 줍 | 찹 | 탭 | 힙 | 뜁 | 짭 |

Lesson 02 글자의 구조 익히기 2

ㅅ 쓰기

사					소				
샤					쇼				
서					수				
셔					슈				
시					스				

새					섀				
세					셰				
솨					쇄				
쇠					숴				
쉐					쉬				

ㅅ 받침 쓰기

| 것 | 냇 | 뒷 | 못 | 빗 | 쉿 | 웃 | 찻 | 툇 | 햇 | 뜻 | 씻 |

✏️ 쓰기

아				오			
야				요			
어				우			
여				유			
이				으			

애				얘			
에				예			
와				왜			
외				워			
웨				위			
의							

📖 받침 쓰기

| 경 | 냉 | 등 | 량 | 방 | 송 | 용 | 중 | 쾅 | 횡 | 뚱 | 빵 |

Lesson 02 글자의 구조 익히기 2

ㅈ 쓰기

자			조	
쟈			죠	
저			주	
져			쥬	
지			즈	

재			쟤	
제			좌	
죄			줘	
쥐				

ㅈ 받침 쓰기

| 갖 | 낮 | 늦 | 맞 | 벚 | 빛 | 엊 | 잊 | 젖 | 짖 | 찾 | 찢 |

ㅊ 쓰기

차					초				
챠					쵸				
처					추				
쳐					츄				
치					츠				

채					체				
촤					최				
춰					췌				
취									

ㅊ 받침 쓰기

닻	덫	돛	몇	및	빛	숯	옻	윷	좇	꽃	쫓

Lesson 02 글자의 구조 익히기 2

ㅋ 쓰기

카			코	
캬			쿄	
커			쿠	
켜			큐	
키			크	

캐			케	
콰			쾌	
쿼			퀘	
퀴				

ㅋ 받침 쓰기

녘 억 윽

ㅌ 쓰기

타					토			
탸					툐			
터					투			
텨					튜			
티					트			

태					테			
퇘					퇴			
퉈					퉤			
튀					틔			

ㅌ 받침쓰기

같 겉 곁 낱 맡 밑 밭 뱉 솥 얕 짙 끝

Lesson 02 글자의 구조 익히기 2

ㅍ 쓰기

파					포				
퍄					표				
퍼					푸				
펴					퓨				
피					프				

| 패 | | | | | 페 | | | | |
| 폐 | | | | | 퓌 | | | | |

ㅍ 받침 쓰기

| 갚 | 깊 | 높 | 늪 | 덮 | 싶 | 숲 | 앞 | 엎 | 옆 | 잎 | 짚 |
| | | | | | | | | | | | |

ㅎ 쓰기

하					호				
야					효				
허					후				
혀					휴				
히					흐				

해					헤				
혜					화				
홰					회				
훠					훼				
휘					희				

ㅎ 받침 쓰기

| 갛 | 겋 | 낳 | 넣 | 놓 | 닿 | 랗 | 렇 | 맣 | 좋 | 쌓 | 찧 |

Lesson 03 글자의 구조 익히기 3

ㄲ 쓰기

까				꼬			
꺄				꾜			
꺼				꾸			
껴				뀨			
끼				끄			

깨				께			
꽈				꽤			
꾀				꿔			
꿰				뀌			

ㄸ 쓰기

따				또			
떠				뚜			
띠				뜨			

때	때				떼	떼			
따	따				뙤	뙤			
뛰	뛰				띠	띠			

ㅆ 쓰기

싸	싸				쏘	쏘			
써	써				쑤	쑤			
씨	씨				쓰	쓰			

쌔	쌔				쎄	쎄			
쏴	쏴				쐐	쐐			
쐬	쐬				쒀	쒀			
씌	씌								

Lesson 03 글자의 구조 익히기 3

ㅉ 쓰기

짜	짜					쪼	쪼				
쩌	쩌					쭈	쭈				
쪄	쪄					쮸	쮸				
찌	찌					쯔	쯔				

| 째 | 째 | | | | | 쩨 | 쩨 | | | | |
| 쬐 | 쬐 | | | | | | | | | | |

겹받침

넋	못	샀	앉	었	않	찮	끊	긁	낡	늙	닭

맑	밝	붉	옮	읽	탉	곪	굶	닮	삶	옮	젊

짊	넓	덮	밟	얇	엷	떫	짧	곬	옰	핥	훑

읊	곯	닳	싫	앓	옳	잃	꿇	끓	뚫	없	엾

Lesson 03 글자의 구조 익히기 3

ㄲ 받침

| 격 | 낚 | 닦 | 묶 | 밖 | 볶 | 섞 | 숚 | 역 | 팎 | 깎 | 꺾 |

ㅆ 받침

| 갔 | 겼 | 겠 | 궜 | 났 | 녔 | 냈 | 놨 | 눴 | 뎠 | 댔 | 됐 |

| 뒀 | 랐 | 렀 | 렸 | 랬 | 뤘 | 몄 | 밌 | 맸 | 멨 | 볐 | 뱄 |

| 벴 | 샀 | 섰 | 셨 | 샜 | 쉈 | 앉 | 었 | 엿 | 있 | 왔 | 웠 |

잣	젔	잿	줬	챃	쳤	챘	췄	컸	켰	캤	탔

텼	퉜	팠	펐	폈	팼	혔	했				

Lesson 04 단어 쓰기 ㄱ~ㅂ

ㄱ 단어

가게	국가
가족	권리
각도	궤도
개꿈	귀중
거짓	규칙
걱정	균형
겨울	그림
격식	글씨
계획	기억
고독	기적
고백	김장
공격	악기
과일	야구
괴물	태극
교육	학교

동영상 강의를 보고 써보세요

ㄴ 단어

간단	담
건반	농뇌
나눔	누나
낙엽	뉘엿
낙타	뉴스
난로	느림
날씨	늑대
내일	달님
냄새	매년
너무	빈칸
넝쿨	안녕
네모	앞니
녀석	오늘
노을	인사
놀이	한눈

Lesson 04 단어쓰기 ㄱ~ㅂ

ㄷ 단어

걷	다			돼	지		
곧	장			된	장		
다	시			두	부		
닫	힘			둘	레		
당	연			뒤	쪽		
대	답			듀	엣		
대	학			드	럼		
댓	글			득	점		
더	듬			듣	기		
더	위			등	대		
덥	다			등	록		
도	둑			마	디		
독	립			믿	음		
동	네			받	침		
동	등			앞	뒤		

ㄹ 단어

거	룩
고	래
고	려
그	런
그	루
그	릇
기	록
달	걀
도	로
드	림
라	면
램	프
러	브
레	몬
레	슨

렌	즈
리	듬
무	렵
물	리
바	람
바	른
빨	리
사	랑
실	례
아	룀
의	뢰
종	류
치	료
특	별
훌	륭

Lesson 04 단어쓰기 ㄱ~ㅂ

ㅁ 단어

가뭄	모임
감점	목표
국민	몰래
궁금	묘지
냉면	무단
마음	무슨
만세	문제
맛집	물음
매우	뭐해
맨손	뮤직
머리	미안
먼지	미움
메뉴	발목
메모	엄마
모래	침묵

ㅂ 단어

바	보	분	명
버	릇	블	루
벼	락	빌	딩
보	관	삽	입
부	자	불	안
비	숫	방	법
배	낭	빈	방
베	개	방	굿
봐	라	벌	써
뵈	다	보	고
뷔	페	병	원
김	밥	봉	사
법	원	분	실
변	호	비	빔
리	본	반	대

Lesson 05 단어쓰기 ㅅ~ㅎ

ㅅ 단어

당신	손님
몸시	손뼉
사진	쇄도
산소	쇠약
살림	쇼크
삼십	수상
새옷	쉬엄
생각	쉼터
생활	슈퍼
선물	스승
설명	슬픔
세상	신맛
센스	엽서
소리	입술
소문	접수

동영상 강의를 보고 써보세요

ㅇ 단어

기	와		온	도
사	용		왜	곡
성	공		외	출
아	기		요	리
알	림		우	산
애	교		우	유
야	근		운	전
양	보		웬	일
얘	기		위	치
어	제		육	아
언	니		으	뜸
에	게		의	리
여	행		이	불
예	술		인	연
오	래		일	정

049

Lesson 05 단어 쓰기 ㅅ~ㅎ

ㅈ, ㅊ 단어

꽃 병	착 한
낮 잠	창 업
맞 춤	채 소
저 녁	처 음
점 심	청 소
정 리	체 면
제 사	초 대
조 용	총 괄
존 재	최 고
좌 우	추 천
죄 송	춥 다
주 제	취 업
준 비	친 구
지 혜	칫 솔
차 례	혼 자

ㅋ, ㅌ, ㅍ, ㅎ 단어

부	억		트	집	
실	패		티	켓	
커	피		파	일	
컬	러		편	안	
코	너		폭	풍	
콜	록		풀	잎	
쿠	키		하	늘	
크	림		한	국	
키	스		합	격	
타	입		해	외	
태	풍		향	기	
터	널		허	리	
토	끼		현	재	
퇴	근		호	흡	
투	표		희	망	

Lesson 05 단어 쓰기 ㅅ~ㅎ

쌍자음, 겹자음

굶다	꿋꿋			때떡	문국		
깨끗				또	렷		
꼬리				똥	값		
꼴찌				뚝	딱		
꼼짝				뜀	틀		
꽃잎				띠	엄음		
꾀꼴				맑	다		
꿀떡				밟	래		
끄덕				빨	글		
끙다				보	족		
낌새				뾰	뚤		
넓이				삐	뿐		
따끔				사	다		
딸꾹				싫			
땅콩							

싸	움			젊	음		
쌔	근			짜	릿		
쌩	긋			짜	증		
썰	렁			짝	꿍		
쏜	살			짧	다		
쓱	싹			짭	짤		
씁	쓸			쪽	지		
씨	름			쭈	글		
암	탉			찌	개		
없	다			찐	득		
여	덟			찔	끔		
외	곬			찜	닭		
읊	다			찰	흙		
읽	기			품	샀		
있	다			핥	다		

Lesson 06 짧은 문장 쓰기

글자의 비율과 균형을 맞추어 또박또박 써보세요. 큰 글씨의 연습은 공간을 활용하는 방법을 터득하기 위해서 하는 것이므로 자음의 위치와 크기, 모음의 위치와 길이, 받침의 위치와 크기를 최대한 비슷하게 하려고 노력하며 천천히 그리듯이 써야 합니다. 획수가 적은 글자는 공간 활용을 넉넉하게 해야 다른 글자들과 크기를 맞출 수 있습니다. 자칫 작아지기 쉬우니 유의하세요.

피할 수 없으면 즐겨라

피할 수 없으면 즐겨라

어제를 후회하지 마라

어제를 후회하지 마라

여백과 공간의 아름다움

여백과 공간의 아름다움

동영상 강의를 보고 써보세요

끝없는 터널은 없다

끝없는 터널은 없다

아버지가 꿈꾼 세상

아버지가 꿈꾼 세상

무엇이 왜 안 변했는가

무엇이 왜 안 변했는가

들려주고 싶은 이야기

들려주고 싶은 이야기

Lesson 06 짧은 문장 쓰기

바람의 노래를 들어라

바	람	의		노	래	를		들	어	라	
바	람	의		노	래	를		들	어	라	

이따금 거짓말을 한다

이	따	금		거	짓	말	을		한	다	
이	따	금		거	짓	말	을		한	다	

열여덟 살의 여자아이

열	여	덟		살	의		여	자	아	이	
열	여	덟		살	의		여	자	아	이	

한밤의 기적 소리만큼

한	밤	의		기	적		소	리	만	큼	
한	밤	의		기	적		소	리	만	큼	

들릴 듯 말 듯하다

들릴 듯 말 듯하다

잃어버린 시간을 찾아서

잃어버린 시간을 찾아서

아는 만큼 보인다

아는 만큼 보인다

이상한 나라의 앨리스

이상한 나라의 앨리스

Lesson 06 짧은 문장 쓰기

머뭇거리지 말고 시작해

머 뭇 거 리 지 　 말 고 　 시 작 해

머 뭇 거 리 지 　 말 고 　 시 작 해

오늘 내가 살아갈 이유

오 늘 　 내 가 　 살 아 갈 　 이 유

오 늘 　 내 가 　 살 아 갈 　 이 유

나의 라임 오렌지 나무

나 의 　 라 임 　 오 렌 지 　 나 무

나 의 　 라 임 　 오 렌 지 　 나 무

무엇이든 될 수 있어

무 엇 이 든 　 될 　 수 　 있 어

무 엇 이 든 　 될 　 수 　 있 어

찰리와 초콜릿 공장

찰리와 초콜릿 공장

인정사정 볼 것 없다

인정사정 볼 것 없다

센과 치히로의 행방불명

센과 치히로의 행방불명

해리포터와 비밀의 방

해리포터와 비밀의 방

Lesson 07 작은 글씨 쓰기

자음과 모음의 비율과 균형을 맞추는 원리를 알고 나면 어느 정도 공간의 활용을 할 수 있으므로 작은 글씨도 시원시원한 느낌으로 쓸 수 있습니다. 평소에 사용하는 글자의 크기와 비슷한 크기의 칸에 써보며 크기를 잘 조절할 수 있는지, 일정한 크기로 잘 쓸 수 있는지 확인합니다. 작은 글씨로 쓸 때도 자음과 모음 사이의 거리를 적절히 두어 균형을 맞추는 것에 유의하고, 잘 되지 않을 때는 큰 글씨 쓰기를 다시 연습해 보면 도움이 됩니다.

삶이 있는 한 희망은 있다.

삶이 있는 한 희망은 있다.

꿈꾸지 않는 자에게는 절망도 없다.

꿈꾸지 않는 자에게는 절망도 없다.

훌륭한 행동이 훌륭한 말보다 낫다.

훌륭한 행동이 훌륭한 말보다 낫다.

산다는 것 그것은 치열한 전투이다.

| 산 | 다 | 는 | | 것 | | 그 | 것 | 은 | | 치 | 열 | 한 | | 전 | 투 | 이 | 다 | . |

노력하면 꿈은 반드시 이루어진다.

| 노 | 력 | 하 | 면 | | 꿈 | 은 | | 반 | 드 | 시 | | 이 | 루 | 어 | 진 | 다 | . |

내일 죽을 것처럼 오늘을 살아라.

| 내 | 일 | | 죽 | 을 | | 것 | 처 | 럼 | | 오 | 늘 | 을 | | 살 | 아 | 라 | . |

위대한 사람은 모두가 겸손하다.

| 위 | 대 | 한 | | 사 | 람 | 은 | | 모 | 두 | 가 | | 겸 | 손 | 하 | 다 | . |

Lesson 07 작은 글씨 쓰기

모든 성취의 시작점은 갈망이다.

| 모 | 든 | | 성 | 취 | 의 | | 시 | 작 | 점 | 은 | | 갈 | 망 | 이 | 다 | . |

일을 즐기면 일의 완성도가 높아진다.

| 일 | 을 | | 즐 | 기 | 면 | | 일 | 의 | | 완 | 성 | 도 | 가 | | 높 | 아 | 진 | 다 | . |

가장 큰 위험은 위험 없는 삶이다.

| 가 | 장 | | 큰 | | 위 | 험 | 은 | | 위 | 험 | | 없 | 는 | | 삶 | 이 | 다 | . |

가슴은 존재의 핵심이고 중심이다.

| 가 | 슴 | 은 | | 존 | 재 | 의 | | 핵 | 심 | 이 | 고 | | 중 | 심 | 이 | 다 | . |

서둘지 말라. 그러나 쉬지도 말라.

서둘지 말라. 그러나 쉬지도 말라.

큰 나무는 바람을 많이 받는다.

큰 나무는 바람을 많이 받는다.

절망이란 어리석은 자의 결론이다.

절망이란 어리석은 자의 결론이다.

다정하고 조용한 말은 힘이 있다.

다정하고 조용한 말은 힘이 있다.

Lesson 07 작은 글씨 쓰기

사랑은 첫인상과 함께 시작된다.

사랑은 첫인상과 함께 시작된다.

빈곤은 재앙이 아니라 불편이다.

빈곤은 재앙이 아니라 불편이다.

편견이란 실효성이 없는 의견이다.

편견이란 실효성이 없는 의견이다.

깨끗한 의복은 좋은 소개장이다.

깨끗한 의복은 좋은 소개장이다.

상식은 그렇게 흔한 것이 아니다.

| 상식은 | 그렇게 | 흔한 | 것이 | 아니다. |

부당한 이득은 손해와 같은 것이다.

| 부당한 | 이득은 | 손해와 | 같은 | 것이다. |

전력을 다해서 시간에 대항하라.

| 전력을 | 다해서 | 시간에 | 대항하라. |

어린이가 없는 곳에 천국은 없다.

| 어린이가 | 없는 | 곳에 | 천국은 | 없다. |

Lesson 08 줄 공책에 연습하기

이제 글자들이 어우러져 조화를 이룰 수 있도록 훈련하기 위해 줄 공책에 연습합니다. 붙여 쓰는 글자는 자간을 바짝 붙여 쓰고, 띄어쓰기를 확실하게 하는 것이 가장 중요합니다. 처음 연습할 때는 한 글자의 공간만큼 띄어 씁니다. 연습이 끝나고 나면 긴 문장을 쓰면서 깨끗하게 보이도록 간격을 조절하면 됩니다. 자간 붙이기와 띄어쓰기를 연습하고 나면 문장을 썼을 때 훨씬 단정한 느낌이 들어 흡족할 것입니다.

살아 있는 실패작은 죽은 걸작보다 낫다.

신념은 연애와 같은 것이어서 강요할 수 없다.

원인은 숨겨지지만 결과는 잘 알려진다.

작은 구멍 하나가 큰 배를 침몰시키는 것이다.

목표를 보는 자는 장애물을 겁내지 않는다.

인간은 죽을 때까지 완전한 인간이 못 된다.

시기와 질투는 남을 쏘려다가 자신을 쏜다.

노년은 청춘에 못지않은 좋은 기회이다.

순간을 지배하는 사람이 인생을 지배한다.

하나하나 아파하기엔 인생이 너무 짧다.

성공을 확신하는 것이 성공에의 첫걸음이다.

Lesson 08 줄 공책에 연습하기

산을 옮기는 사람은 작은 돌멩이부터 옮긴다.
산을 옮기는 사람은 작은 돌멩이부터 옮긴다.

모든 일은 어려운 고비를 넘겨야 쉬워진다.
모든 일은 어려운 고비를 넘겨야 쉬워진다.

아이들에게는 비평보다도 귀감이 필요하다.
아이들에게는 비평보다도 귀감이 필요하다.

만약 급히 서두르려면 돌아가는 길로 가라.
만약 급히 서두르려면 돌아가는 길로 가라.

어진 사람은 적에게서 많은 것을 배운다.
어진 사람은 적에게서 많은 것을 배운다.

사랑은 두 사람이 마주 쳐다보는 것이 아니라
함께 같은 방향을 바라보는 것이다.

아무것도 모르는 것이 수치가 아니라
아무것도 배우려 하지 않는 것이 수치다.

우리는 자신을 비참하게 만들 수도 있고,
강인하게 만들 수도 있다. 둘 다 드는 힘은 같다.

Lesson 08 줄 공책에 연습하기

우리의 삶이 힘든 이유는 남의 삶을 살기 때문이다.
재미있어야 내 인생이다.

우리의 삶이 힘든 이유는 남의 삶을 살기 때문이다.
재미있어야 내 인생이다.

배움이 없는 자유는 언제나 위험하며
자유가 없는 배움은 언제나 헛된 일이다.

배움이 없는 자유는 언제나 위험하며
자유가 없는 배움은 언제나 헛된 일이다.

삶의 의미는 자신의 재능을 발견하는 것이다.
삶의 목적은 그것을 나눠 주는 것이다.

삶의 의미는 자신의 재능을 발견하는 것이다.
삶의 목적은 그것을 나눠 주는 것이다.

기회는 흔히 고생으로 가장하고 있기 때문에
사람들은 대부분 알아보지 못한다.

사람들이 인생에서 실패하는 가장 큰 이유는
친구, 가족, 이웃들의 말을 듣기 때문이다.

성취의 크기는 목표를 이루기 위해
당신이 극복해야 했던 장애물의 크기로 잰다.

Lesson 08 줄 공책에 연습하기

행복의 문이 하나 닫히면 다른 문이 열린다.
그러나 우리는 종종 닫힌 문을 멍하니 바라보다
우리를 향해 열린 문을 보지 못하게 된다.

위대한 정신을 가진 사람들은 생각을 논한다.
평범한 사람들은 사건을 논한다.
마음이 좁은 사람들은 사람들을 논한다.

풀 수 없는 매듭은 잘라 버릴 수 있어야 한다.
꼭 필요한 것이 있다면 그것을 옭아매고 있는
자질구레한 것들에서 떼어낼 줄 알아야 한다.
모든 것을 똑같이 다룰 수는 없기 때문이다.

풀 수 없는 매듭은 잘라 버릴 수 있어야 한다.
꼭 필요한 것이 있다면 그것을 옭아매고 있는
자질구레한 것들에서 떼어낼 줄 알아야 한다.
모든 것을 똑같이 다룰 수는 없기 때문이다.

Lesson 09 줄이 없는 종이에 긴 글 쓰기

이번에는 앞서 연습한 모든 방법을 동시에 적용하여 줄이 없는 종이에 써보세요. 글자를 일렬로 반듯하게 쓰고, 줄 간격까지 맞추어 쓰는 종합적인 훈련입니다. 팔과 손목의 구조상 줄이나 칸이 전혀 없는 백지에 글을 쓸 때 의식을 하지 않으면 대체로 글씨가 점점 위로 올라갑니다. 글자의 크기와 간격을 균일하게 유지하면서 줄을 맞추어 쓰려면 글을 쓰는 틈틈이 종이 전체를 보는 연습을 해야 합니다. 책 속의 연습 과정을 끝낸 후에도 빈 종이에 긴 문장을 쓰는 연습을 반복하는 것이 중요합니다. 한 줄이 흐트러지지 않고 잘 맞추어지면 줄 간격도 일관되게 띄어 쓰도록 해 보세요.

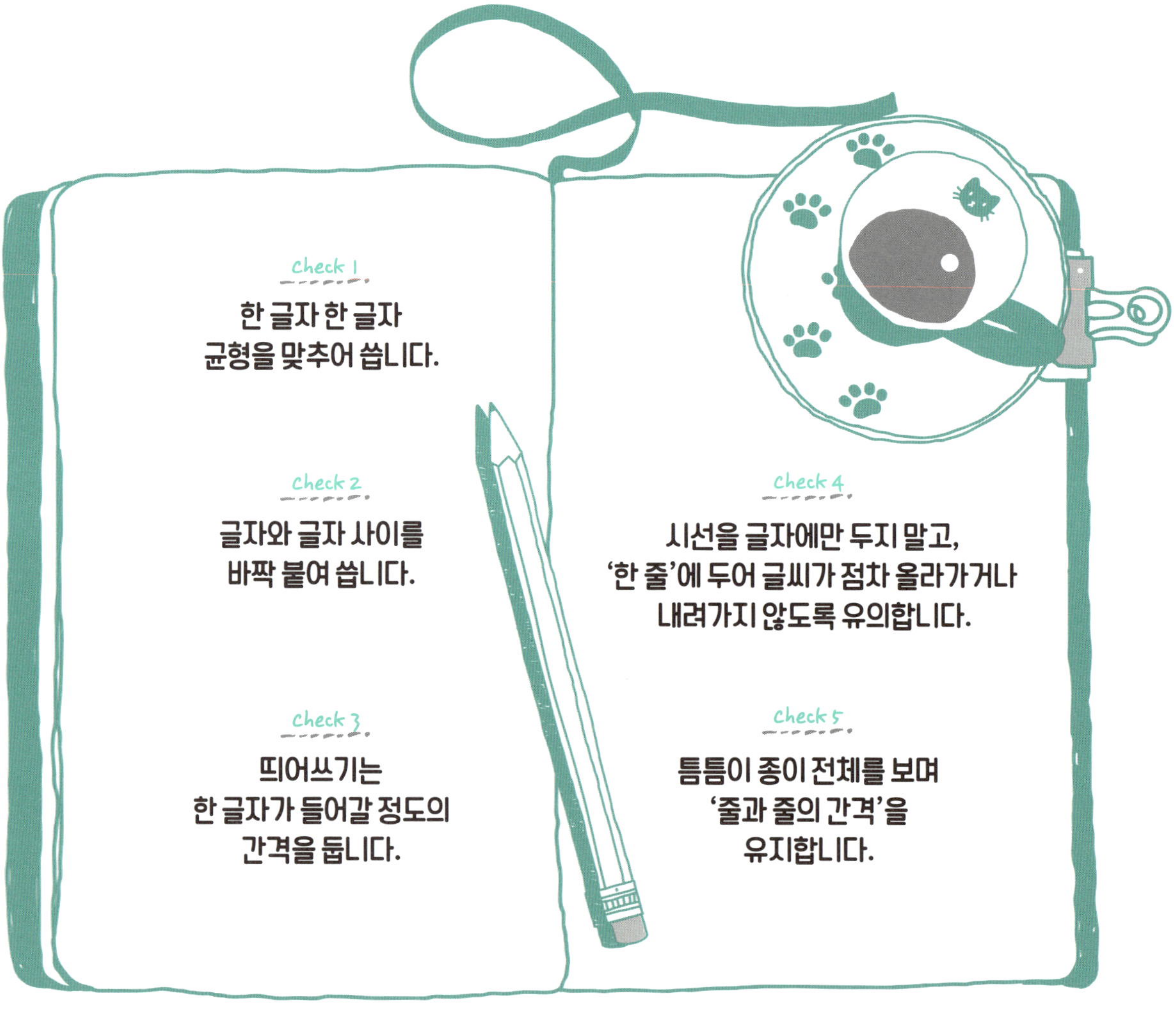

check 1
한 글자 한 글자
균형을 맞추어 씁니다.

check 2
글자와 글자 사이를
바짝 붙여 씁니다.

check 3
띄어쓰기는
한 글자가 들어갈 정도의
간격을 둡니다.

check 4
시선을 글자에만 두지 말고,
'한 줄'에 두어 글씨가 점차 올라가거나
내려가지 않도록 유의합니다.

check 5
틈틈이 종이 전체를 보며
'줄과 줄의 간격'을
유지합니다.

동영상 강의를 보고 써보세요

<프랭클린 자서전> 中
벤자민 프랭클린

나는 누군가 잘못된 주장을 하더라도 퉁명스럽게 그의 잘못을 지적하지 않았습니다. 그리고 그의 제안이 엉터리라는 것을 그 자리에서 당장 밝히는 일도 삼갔습니다. 그 대신 나는 그의 생각이 어떤 경우에는 옳을지도 모르지만 현재 내 생각과는 조금 다르다고 대답했습니다. 얼마 지나지 않아 나는 이와 같은 태도의 변화가 많은 이익을 준다는 것을 알았습니다.

 써보세요

Lesson 09 줄이 없는 종이에 긴 글 쓰기

<논어> 中
공자

자장이 출세하는 방법을 배우려고 하자 공자께서 말씀하셨다. "많은 것을 듣되 의심스러운 부분은 빼놓고 그 나머지를 조심스럽게 말하면 허물이 적다. 또한 많은 것을 보되 위태로운 것을 빼놓고 그 나머지를 조심스럽게 행하면 후회하는 일이 적을 것이다. 말에 허물이 적고 행동에 후회가 적으면 출세는 자연히 이루어진다."

써보세요

<인생의 마지막 성공을 위하여> 中
발타자르 그라시안

신이 그대를 각별히 선택할 것이라 믿지 말라. 그럼 때는 이미 늦은 것이나 다름없다. 신이 그대를 선택하기 전에 먼저 그대 자신의 인생을 스스로 선택하라. 성공하는 사람들은 신에게 모든 것을 의지하지 않는다. 자신의 노력을 믿고 최선을 다해 그 목적에 열정을 쏟아부은 후, 우연의 요소만을 신에게 맡겨라. 신은 아무것도 하지 않은 채 자기 이름만을 부르짖는 자들의 응답엔 무관심할 뿐이다.

 써보세요

Lesson 09 줄이 없는 종이에 긴 글 쓰기

<해저 2만 리> 中
쥘 베른

그 놀라운 역사의 땅, 그 대륙의 산을 이상야릇한 운명에 이끌려 여기까지 온 내가 딛고 있었다! 지질시대와 거의 동시대라 할 수 있는 수십만 년 전의 폐허를 내가 손으로 만지고 있었다! 최초의 인간과 거의 동시대의 사람들이 걸었던 바로 그곳을 내가 걷고 있었다! 지금은 광물이 되어버린 이 나무들이 싱싱하게 가지를 뻗으며 그늘을 이루었을 그 시절, 그 신화시대 동물들의 뼈가 내 무거운 발밑에서 으스러지고 있었다!

 써보세요

<배꽃>
이규보

나뭇가지에 흰눈이 내렸는가 하였더니 맑은 향기 있어 꽃인 줄 알았노라. 배꽃과 매화꽃 그 어느 편이 더 맑은진 몰라도 사치스러운 살구꽃일랑 비웃어 주어라. 푸른 나뭇가지에 흰꽃은 보기 좋고 백사장에 흰 꽃잎은 떨어진 듯 만 듯 팔목이 하얀 여인이 소매를 걷어올리니 가벼운 웃음을 머금고 배꽃도 괴로워하더라.

 써보세요

지금까지 연습한 기본체에서 조금씩 변화를 주면 다른 느낌의 새로운 글씨로 확장해 나갈 수 있습니다.

기본체에서 세로획을 꺾어서 내려 그으면 '정자체'가 되고, 정자체에서 모든 가로획을 비스듬히 올려 그으면

'정자체 올려 쓰기'를 쓸 수 있으며, 정자체를 오랜 기간 연습하면 '정자체 흘림'을 쓸 수 있게 됩니다.

또한 기본체에서 세로획을 사선으로 비스듬히 내려 그으면 '세로획 기울여 쓰기'가 되고,

세로획 기울여 쓰기가 단련되면 '기울어진 필기체'로 발전시킬 수 있는 것입니다.

물론 자음과 받침의 모양이 약간씩 다른 것들은 따로 익혀야 하지만,

기본체만 확실히 연습하면 모든 글씨체로의 변환이 가능해집니다.

이 책에서 소개하는 여러 가지 글씨체를 써본 후에 가장 마음에 드는 것을 선택하여 장기적으로 훈련하고,

주된 필체로 삼아 글씨를 써보세요. 나중에는 나만의 개성 있는 필체를 개발할 수 있습니다.

Part 2
여러 가지 글씨체 응용하기

Lesson 10 정자체 쓰기

- 기본체에서 세로획을 꺾어 쓰기 합니다.
- 모음의 위치에 따라 자음과 받침의 모양이 어떻게 바뀌는지 잘 살펴보세요.

아무리 작은 기예일지라도 다 잊고 몰두해야만
성취할 수 있다. 하물며 큰 도에 있어서랴!
최흥효는 예전에 과거를 보러 가서 답지를 쓰다가
그중 한 글자가 왕희지의 서체와 비슷하게 되었다.
하루 종일 앉아 들여다보다가 차마 그 글자를
버릴 수가 없어 답지를 품고 돌아왔다.
이쯤 되면 얻고 잃음은 마음속에
두지 않는다고 이를 만하다.
이징이 어릴 때 다락에 올라가 그림을 익혔는데
집에서는 그가 있는 곳을 몰라
사흘 만에야 겨우 찾아냈다.
아버지가 화가 나 볼기를 때렸더니
그는 울면서도 떨어지는 눈물을 찍어 새를 그렸다.
이쯤 되면 그림에 빠져 영예와 모욕도
모른다고 말할 만하다.

동영상 강의를 보고 써보세요

아무리 작은 기예일지라도 다 잊고 몰두해야만
성취할 수 있다. 하물며 큰 도에 있어서랴!
최흥효는 예전에 과거를 보러 가서 답지를 쓰다가
그중 한 글자가 왕희지의 서체와 비슷하게 되었다.
하루 종일 앉아 들여다보다가 차마 그 글자를
버릴 수가 없어 답지를 품고 돌아왔다.
이쯤 되면 얻고 잃음은 마음속에
두지 않는다고 이를 만하다.
이징이 어릴 때 다락에 올라가 그림을 익혔는데
집에서는 그가 있는 곳을 몰라
사흘 만에야 겨우 찾아냈다.
아버지가 화가 나 볼기를 때렸더니
그는 울면서도 떨어지는 눈물을 찍어 새를 그렸다.
이쯤 되면 그림에 빠져 영예와 모욕도
모른다고 말할 만하다.

Lesson 10 정자체 쓰기

학산수는 산속에 들어가 노래를 익힐 때
한 곡조를 마치면 모래 한 알씩을
주워 나막신에 던져 그 모래가
나막신에 가득 차야 돌아왔다.
한 번은 도둑을 만나 죽게 되었는데,
바람결을 따라 노래를 부르자 도둑들이 모두 감격해
눈물을 흘리지 않는 자가 없었다.
이쯤 되면 죽고 사는 것을 마음에
두지 않았다고 이를 만하다.
오호라! 아침에 도를 들으면
저녁에 죽어도 좋다는 경지인 것이다.

- 〈연암 산문집〉 中, 박지원

학산수는 산속에 들어가 노래를 익힐 때
한 곡조를 마치면 모래 한 알씩을
주워 나막신에 던져 그 모래가
나막신에 가득 차야 돌아왔다.
한 번은 도둑을 만나 죽게 되었는데,
바람결을 따라 노래를 부르자 도둑들이 모두 감격해
눈물을 흘리지 않는 자가 없었다.
이쯤 되면 죽고 사는 것을 마음에
두지 않았다고 이를 만하다.
오호라! 아침에 도를 들으면
저녁에 죽어도 좋다는 경지인 것이다.

가로획 올려 쓰기

- 기본체에서 가로획만 비스듬히 올라가게 써봅니다.
- 자음의 모양과 받침의 위치를 조절하여 균형 있게 써보세요.

자신이 누구인지 모른다는 건
참으로 서글픈 일이에요.
하지만 한편으로는 재미있기도 하고
낭만적이기도 하지요. 여러 가지로 추측해 볼 수
있으니까요. 어쩌면 저는 미국인이 아닐지도 몰라요.
미국인이 아닌 사람들도 많잖아요.
고대 로마인의 후손이거나 아니면
바이킹의 후예일지도 모르죠.
그것도 아니면 추방된 러시아 인의 자식으로
시베리아 감옥에 있어야 할 사람이거나
아니면 집시일지도 모르고요.
제 생각엔 집시일 것 같아요.
전 방랑 기질이 있거든요.
지금까지 그것을 펼쳐 볼 기회가 없었을 뿐이지요.

자신이 누구인지 모른다는 건
참으로 서글픈 일이에요.
하지만 한편으로는 재미있기도 하고
낭만적이기도 하지요. 여러 가지로 추측해 볼 수
있으니까요. 어쩌면 저는 미국인이 아닐지도 몰라요.
미국인이 아닌 사람들도 많잖아요.
고대 로마인의 후손이거나 아니면
바이킹의 후예일지도 모르죠.
그것도 아니면 추방된 러시아 인의 자식으로
시베리아 감옥에 있어야 할 사람이거나
아니면 집시일지도 모르고요.
제 생각엔 집시일 것 같아요.
전 방랑 기질이 있거든요.
지금까지 그것을 펼쳐 볼 기회가 없었을 뿐이지요.

Lesson 11 가로획 올려쓰기

아저씨께서는 제가 어린 시절에 겪었던
수치스러운 사건에 대해 알고 계시는지요?
과자를 훔쳐 먹었다고 벌을 받고는
고아원을 도망쳐 나온 일이 있었어요.
생활 기록부에 다 적혀 있어서
평의원님이라면 누구든지 보셨을 거예요.
하지만 아저씨는 어떻게 생각하세요?
배고픈 아홉 살짜리 꼬마한테 과자 항아리 바로 옆에서
칼을 닦으라고 해 놓고 자리를 떠났다가
갑자기 불쑥 나타나면 그 아이의 입에
과자 부스러기가 묻어 있는 것이 당연하지 않겠어요?

— 〈키다리 아저씨〉 中, 진 웹스터

아저씨께서는 제가 어린 시절에 겪었던
수치스러운 사건에 대해 알고 계시는지요?
과자를 훔쳐 먹었다고 벌을 받고는
고아원을 도망쳐 나온 일이 있었어요.
생활 기록부에 다 적혀 있어서
평의원님이라면 누구든지 보셨을 거예요.
하지만 아저씨는 어떻게 생각하세요?
배고픈 아홉 살짜리 꼬마한테 과자 항아리 바로 옆에서
칼을 닦으라고 해 놓고 자리를 떠났다가
갑자기 불쑥 나타나면 그 아이의 입에
과자 부스러기가 묻어 있는 것이 당연하지 않겠어요?

Lesson 12 둥글려 쓰기

- 획의 모서리를 둥글려 부드럽게 쓰는 것이 특징입니다.
- 기본체에서 글씨의 각진 부분들을 모두 굴려 써보세요.

해적들이 흥분한 것은 나무의 크기 때문이 아니라,
그 나무 그늘 아래 어딘가에 70만 파운드의 금화가
묻혀 있다는 사실 때문이었다.
나무에 한 발 한 발 다가가면서,
그들은 금화 생각으로 이전의 공포는 싹 잊어버렸다.
그들의 눈은 이글이글 불타오르고 있었고,
발걸음은 점점 더 빠르고 가벼워졌다.
땅속에 묻힌 채 그들 한 사람 한 사람을
기다리고 있는 보물, 평생 누릴 수 있는 사치와 쾌락,
그것에 온 정신이 팔려 있었다.
실버는 씩씩거리며 목발을 짚고 절뚝거렸다.

동영상 강의를 보고 써보세요

해적들이 흥분한 것은 나무의 크기 때문이 아니라,
그 나무 그늘 아래 어딘가에 70만 파운드의 금화가
묻혀 있다는 사실 때문이었다.
나무에 한 발 한 발 다가가면서,
그들은 금화 생각으로 이전의 공포는 싹 잊어버렸다.
그들의 눈은 이글이글 불타오르고 있었고,
발걸음은 점점 더 빠르고 가벼워졌다.
땅속에 묻힌 채 그들 한 사람 한 사람을
기다리고 있는 보물, 평생 누릴 수 있는 사치와 쾌락,
그것에 온 정신이 팔려 있었다.
실버는 씩씩거리며 목발을 짚고 절뚝거렸다.

Lesson 12 둥글려 쓰기

콧구멍이 벌름거렸다.
나를 묶은 밧줄을 거칠게 잡아당기기도 하고,
때때로 무시무시한 표정으로 나를 돌아보기도 했다.
그는 조금도 자기 생각을 숨기려고 애쓰지 않았다.
나는 그의 생각을 인쇄된 활자처럼 뚜렷이 읽을 수 있었다.
황금이 눈앞에 있다고 생각하자 다른 모든 것들은
그의 머릿속에서 사라져 버렸다.
스스로 한 약속도, 의사의 경고도
모두 과거의 일이 되어 버렸다.
보물을 손에 넣은 다음 섬에 있는 정직한 사람들의
목을 모두 베고, 처음 계획했던 대로
보물을 싣고 떠날 희망에 부풀어 있었다.

− 〈보물섬〉 中, 로버트 루이스 스티븐슨

콧구멍이 벌름거렸다.
나를 묶은 밧줄을 거칠게 잡아당기기도 하고,
때때로 무시무시한 표정으로 나를 돌아보기도 했다.
그는 조금도 자기 생각을 숨기려고 애쓰지 않았다.
나는 그의 생각을 인쇄된 활자처럼 뚜렷이 읽을 수 있었다.
황금이 눈앞에 있다고 생각하자 다른 모든 것들은
그의 머릿속에서 사라져 버렸다.
스스로 한 약속도, 의사의 경고도
모두 과거의 일이 되어 버렸다.
보물을 손에 넣은 다음 섬에 있는 정직한 사람들의
목을 모두 베고, 처음 계획했던 대로
보물을 싣고 떠날 희망에 부풀어 있었다.

Lesson 13 초성 크게 쓰기

- 초성 자음은 큼직하게 쓰고, 받침은 작게 쓰는 것이 특징입니다.
- 정 사각 형태의 글씨 아래에 받침이 매달려 있는 느낌으로 써보세요.

마리는 아름다운 음악 소리에 흠뻑 취해
알록달록한 대리석 바닥을 걸어가고 있는 것조차
거의 알아차리지 못했다.
대리석처럼 보이는 바닥은 초콜릿, 호두, 아몬드 따위를
빻은 뒤 녹인 설탕과 섞어서 굳혀 만든 길이었다.
거기서 조금 더 나아가자,
길 양쪽에 펼쳐진 작고 아름다운 숲에서
달콤하기 그지없는 향기가 흘러나와
호두까기 인형과 마리를 감쌌다.
무성한 푸른 나뭇잎 사이로
밝고 환한 빛이 새어 나오고 있었다.
그래서 금빛과 은빛 열매들이
알록달록한 줄기에 매달려 반짝이는 모습이며,
나무줄기와 가지가 리본과 꽃다발로
장식되어 있는 모습이 잘 드러나 보였다.

동영상 강의를 보고 써보세요

머리는 아름다운 음악 소리에 흠뻑 취해
얼룩덜룩한 대리석 바닥을 걸어가고 있는 것조차
거의 알아차리지 못했다.
대리석처럼 보이는 바닥은 초콜릿, 호두, 아몬드 따위를
빻은 뒤 녹인 설탕과 섞어서 굳혀 만든 길이었다.
거기서 조금 더 나아가자,
길 양쪽에 펼쳐진 짙고 아름다운 숲에서
달콤하기 그지없는 향기가 흘러나와
호두까기 인형과 머리를 감쌌다.
무성한 푸른 나뭇잎 사이로
밝고 환한 빛이 새어 나오고 있었다.
그래서 금빛과 은빛 열매들이
얼룩덜룩한 줄기에 매달려 반짝이는 모습이며,
나무줄기와 가지가 화분과 꽃다발로
장식되어 있는 모습이 길 드러나 보였다.

Lesson 13 초성 크게 쓰기

마치 기쁨에 차 있는 신랑과 신부,
또 그들을 축하해주러 온 손님들의 모습 같았다.
오렌지 향기가 부드럽고 약한 바람처럼
은은하게 퍼져 나가고, 나뭇가지와 이파리 사이로
산산 하고 바람이 스쳐 지나갈 때마다
얇은 금속으로 된 장식물들이 찰랑거리며
서로 맞부딪치는 소리가 났다.
그 소리는 기뻐서 환호하며
연주하는 음악 소리 같았다.

- 〈호두까기 인형〉 中, 호프만

마치 기쁨에 차 있는 신랑과 신부,
또 그들을 축하해주러 온 손님들의 모습 같았다.
오렌지 향기가 부드럽고 약한 바람처럼
은은하게 퍼져 나가고, 나뭇가지의 이파리 사이로
살살 하고 바람이 스쳐 지나갈 때마다
잎은 금속으로 된 장식물들이 찰랑거리며
서로 맞부딪치는 소리가 났다.
그 소리는 기뻐서 환호하며
연주하는 음악 소리 같았다.

Lesson 14 동글동글 귀엽게 쓰기

- 가로획은 아래쪽으로, 세로획은 바깥쪽으로 볼록한 느낌입니다.
- 받침을 초성 자음보다 약간 작게 씁니다. 자음과 모음의 모양을 잘 보고 동글동글하게 써보세요.

나는 당신을 사랑하고 당신의 행복을 사랑합니다
나는 온 세상 사람이 당신을 사랑하고
당신의 행복을 사랑하기를 바랍니다

그러나 정말로 당신을 사랑하는 사람이 있다면
나는 그 사람을 미워하겠습니다
그 사람을 미워하는 것은 당신을 사랑하는
마음의 한 부분입니다

그러므로 그 사람을 미워하는 고통도
나에게는 행복입니다
만일 온 세상 사람이 당신을 미워한다면
나는 그 사람을 얼마나 미워하겠습니까

동영상 강의를 보고 써보세요

나는 당신을 사랑하고 당신의 행복을 사랑합니다
나는 온 세상 사람이 당신을 사랑하고
당신의 행복을 사랑하기를 바랍니다

그러나 정말로 당신을 사랑하는 사람이 있다면
나는 그 사람을 미워하겠습니다
그 사람을 미워하는 것은 당신을 사랑하는
마음의 한 부분입니다

그러므로 그 사람을 미워하는 고통도
나에게는 행복입니다
만일 온 세상 사람이 당신을 미워한다면
나는 그 사람을 얼마나 미워하겠습니까

Lesson 14 동글동글 귀엽게 쓰기

만일 온 세상 사람이 당신을 사랑하지도 않고
미워하지도 않는다면 그것은 나의 일생에
견딜 수 없는 불행입니다
만일 온 세상 사람이 당신을 사랑하고자 하여
나를 미워한다면 나의 행복은 더 클 수가 없습니다

그것은 모든 사람의 나를 미워하는
원한의 두만강이 깊을수록
나의 당신을 사랑하는
행복의 백두산이 높아지는 까닭입니다

— 〈행복〉, 한용운

만일 온 세상 사람이 당신을 사랑하지도 않고
미워하지도 않는다면 그것은 나의 일생에
견딜 수 없는 불행입니다
만일 온 세상 사람이 당신을 사랑하고자 하여
나를 미워한다면 나의 행복은 더 클 수가 없습니다

그것은 모든 사람의 나를 미워하는
원한의 두만강이 깊을수록
나의 당신을 사랑하는
행복의 백두산이 높아지는 까닭입니다

Lesson 15 또박또박 차트 글씨 쓰기

- 초성과 받침의 비율이 같아 안정감이 있는 글씨체입니다.
- 자음의 각을 살려서 쓰면 날카롭게, 둥글려 쓰면 부드럽게 표현할 수 있습니다.

혹독한 겨울이었다.
바람이 세차게 불고 나면 이어 눈과 진눈깨비가 쏟아졌고
단단한 얼음은 2월 중순이 되어도 녹지 않았다.
동물들은 풍차 재건에 온 정성을 쏟았다.
바깥 세계가 지켜보고 있고 풍차가 제때에 완공되지 않으면
동물농장을 시기하는 인간들이 거 보라는 듯
즐거운 환성을 올리게 될 것임을
그들은 잘 알고 있었기 때문이다.
앙심을 품은 인간들은 스노볼이
풍차를 무너뜨렸다는 건 일부러 믿지 않는 척하면서
풍차가 무너진 건 벽을 너무 얇게 쌓아올렸기
때문이라 말하고 다녔다.
그게 사실이 아니란 걸 동물들은 알고 있었다.

동영상 강의를 보고 써보세요

혹독한 겨울이었다.
바람이 세차게 불고 나면 이어 눈과 진눈깨비가 쏟아졌고
단단한 얼음은 2월 중순이 되어도 녹지 않았다.
동물들은 풍차 재건에 온 정성을 쏟았다.
바깥 세계가 지켜보고 있고 풍차가 제때에 완공되지 않으면
동물농장을 시기하는 인간들이 거 보라는 듯
즐거운 환성을 올리게 될 것임을
그들은 잘 알고 있었기 때문이다.
앙심을 품은 인간들은 스노볼이
풍차를 무너뜨렸다는 건 일부러 믿지 않는 척하면서
풍차가 무너진 건 벽을 너무 얇게 쌓아올렸기
때문이라 말하고 다녔다.
그게 사실이 아니란 걸 동물들은 알고 있었다.

Lesson 15. 또박또박 차트 글씨 쓰기

하지만 동물들은 지난번 18인치였던 벽면 두께를
이번에는 3피트로 늘리기로 했다.
채석장에는 눈 더미가 쌓여 한동안 아무 일도 할 수 없었다.
건조하고 추운 날씨에도 불구하고 약간의 진척이 있었지만
겨울철 공사는 가혹한 것이었고 동물들은 이전처럼
그 일에 대해 넘치는 희망을 가질 수가 없었다.
그들은 늘 추웠고 늘 배가 고팠다.
복서와 클로버만이 용기를 잃지 않고 있었다.
스퀼러가 봉사의 기쁨과 노동의 존엄성에 대해
찬란한 연설을 했지만 다른 동물들은 그 연설보다는
복서의 엄청난 힘과 <내가 더 열심히 한다>는
그의 줄기찬 슬로건에서 더 큰 힘을 얻었다.

- 〈동물농장〉 中, 조지 오웰

하지만 동물들은 지난번 18인치였던 벽면 두께를
이번에는 3피트로 늘리기로 했다.
채석장에는 눈 더미가 쌓여 한동안 아무 일도 할 수 없었다.
건조하고 추운 날씨에도 불구하고 약간의 진척이 있었지만
겨울철 공사는 가혹한 것이었고 동물들은 이전처럼
그 일에 대해 넘치는 희망을 가질 수가 없었다.
그들은 늘 추웠고 늘 배가 고팠다.
복서와 클로버만이 용기를 잃지 않고 있었다.
스퀄러가 봉사의 기쁨과 노동의 존엄성에 대해
찬란한 연설을 했지만 다른 동물들은 그 연설보다는
복서의 엄청난 힘과 <내가 더 열심히 한다>는
그의 줄기찬 슬로건에서 더 큰 힘을 얻었다.

Lesson 16 세로획 기울여 쓰기

- 기본체에서 모든 세로획을 비스듬히 긋는 것이 특징입니다.
- 기울기의 각도를 동일하게 하는 것이 중요합니다.

나는 지금껏 무슨 일을 해온 걸까?
잘못이나 지적하고 꾸짖는 습관,
이것이 어린 아들을 위한 보상이란 말인가.
하지만 내가 너를 사랑하지 않았기 때문에
그랬던 것은 아니란다.
나는 어린 너에게 너무 많은 것을 기대하고 있었어.
내 나이의 어른에게 맞는 기준으로
너를 재고 있었던 거야.
너는 정말 착하고, 좋은 아이란다.
조그만 네 몸 안에 언덕 너머로
밝아오는 새벽만큼이나
넓은 마음이 들어 있다는 걸 알고 있어.
네가 나에게 달려와서 잘 자라고 입 맞춰 줄 때
분명하게 느낄 수 있었지.
오늘 밤 내게 이보다 더 중요한 일은 없단다.

동영상 강의를 보고 써보세요

나는 지금껏 무슨 일을 해온 걸까?
잘못이나 지적하고 꾸짖는 습관,
이것이 어린 아들을 위한 보상이란 말인가.
하지만 내가 너를 사랑하지 않았기 때문에
그랬던 것은 아니란다.
나는 어린 너에게 너무 많은 것을 기대하고 있었어.
내 나이의 어른에게 맞는 기준으로
너를 재고 있었던 거야.
너는 정말 착하고, 좋은 아이란다.
조그만 네 몸 안에 언덕 너머로
밝아오는 새벽만큼이나
넓은 마음이 들어 있다는 걸 알고 있어.
네가 나에게 달려와서 잘 자라고 입 맞춰 줄 때
분명하게 느낄 수 있었지.
오늘 밤 내게 이보다 더 중요한 일은 없단다.

Lesson 16 세로획 기울여 쓰기

얘야, 나는 어두운 네 침실에 들어와
무릎을 꿇고 앉아 있어. 부끄러운 마음으로 말이야.
지금 이렇게 하는 건 작은 속죄에 불과하겠지.
네가 깨어 있을 때 너에게 이런 얘기를 해도
네가 잘 이해하지 못하리라는 것을
아빠는 잘 알고 있다.
하지만 내일부터 나는 진짜로
아빠다운 아빠가 되어 주마.
나는 너와 사이좋게 지내고, 함께 웃으며 즐거워하고,
너와 함께 아파할게. 잔소리가 튀어나오려고 하면
혀를 깨물 거야. 그리고 계속해서
의식적으로 되뇌어야지.
"우리 애는 작은 어린아이에 불과하다"라고.

– 〈아버지는 잊어버린다〉 中, 리빙스턴 라니드

애아, 나는 어두운 네 침실에 들어와
무릎을 꿇고 앉아 있어. 부끄러운 마음으로 말이야.
지금 이렇게 하는 건 작은 속죄에 불과하겠지.
네가 깨어 있을 때 너에게 이런 얘기를 해도
네가 잘 이해하지 못하리라는 것을
아빠는 잘 알고 있다.
하지만 내일부터 나는 진짜로
아빠다운 아빠가 되어 주마.
나는 너와 사이좋게 지내고, 함께 웃으며 즐거워하고,
너와 함께 아파할게. 잔소리가 튀어나오려고 하면
혀를 깨물 거야. 그리고 계속해서
의식적으로 되뇌어야지.
"우리 애는 작은 어린아이에 불과하다"라고.

Lesson 17 정자체 올려 쓰기

- 기본체에서 정자체처럼 세로획을 꺾어 쓰고, 가로획은 올려 씁니다.
- 기본체와 정자체가 결합된 글씨로 단정하면서도 잘 읽히는 필체입니다.

사람이 아이 적에 책을 두세 번만 읽고도
곧바로 외우거나, 또 간혹
7, 8세 때에 능히 시문을 지어
입만 열면 문득 사람을 놀래키기도 하였으나
정작 어른이 되어 늙어서는 성취한 바가
남보다 특별히 나은 점이 없는 경우가 있다.
그래서 똑똑한 재주가 쉬지 않는 부지런함만
같지 못함을 알게 되었다. 또 기름을 태워
새벽까지 애를 쓰며 쉬지 않고
흰머리가 흩날리도록 하더라도
능히 스스로 일가의 말을 이루지 못하는 자가 있으니
그 까닭은 어째서일까?

동영상 강의를 보고 써보세요

Lesson 17 정자체 올려 쓰기

혹 겨우 1백여 권의 책을 읽고도 붓을 내려
종이를 폄에 쟁그랑 소리를 내며
환히 빛나 1만 권을 외운 자가 뒤에서
눈이 휘둥그레지기도 한다.

(중략)

재주는 부지런함만 같지 못하고
부지런함은 깨달음만 같지 못하다.
깨달음이란 한 글자는 도덕의 으뜸가는 부적이다.

- 〈수여방필〉 中, 홍길주

혹 겨우 1백여 권의 책을 읽고도 붓을 내려
종이를 펴매 쟁그랑 소리를 내며
환히 빛나 1만 권을 외운 자기 뒤에서
눈이 휘둥그레지기도 한다
(중략)
재주는 부지런함만 같지 못하고
부지런함은 깨달음만 같지 못하다.
깨달음이란 한 글자는 도덕의 으뜸가는 부적이다.

Lesson 18 정자체 흘림 쓰기

- '정자체'로 오랜 기간 글씨를 쓰다 보면 물 흐르듯 이어 쓰는 흘림체가 자연스러워집니다.
- 천천히 그리듯 조절하여 균형을 맞추어 보세요.

나무가 있다.
그는 나의 오랜 이웃이요, 벗이다.
그렇다고 그와 내가 성격이나 환경이나 생활이
공통한 데 있어서가 아니다.
말하자면 극단과 극단 사이에도
애정이 관통할 수 있다는 기적적인 고볼의
한 표본에 지나지 못할 것이다.

나는 처음 그를 퍽 불행한 존재로 가소롭게 여겼다.
그의 앞에 설 때 슬퍼지고
측은한 마음이 앞을 가리곤 하였다.
마는 돌이켜 생각건대
나무처럼 행복한 생물은 다시없을 듯하다.
굳음에는 이목 미길 데 없는 바위에도
그리 탐탁치는 못할망정 자양분이 있다 하거늘

동영상 강의를 보고 써보세요

나무가 있다.
그는 나의 오랜 이웃이요 벗이다.
그렇다고 그와 내가 성격이나 환경이나 생활이
공통한 데 있어서가 아니다.
말하자면 극단과 극단 사이에도
애정이 관통할 수 있다는 기적적인 교섭의
한 표본에 지나지 못할 것이다.

나는 처음 그를 퍽 불행한 존재로 가소롭게 여겼다.
그의 앞에 설 때 슬퍼지고
측은한 마음이 앞을 가리곤 하였다.
마음 돌이켜 생각건대
나무처럼 행복한 생물은 다시없을 듯하다.
굴음에는 이룩 비길 데 없는 바위에도
그리 칩탁치는 못할망정 자양결이 있다 하거늘

Lesson 18 정자체 흘림 쓰기

어디로 간들 생의 뿌리를 박지 못하며
어디로 간들 생활의 불평이 있을소냐,
칙칙하면 솔솔 솔바람이 불어오고,
심심하면 새가 와서 노래를 부르다 가고,
출출하면 한 줄기 비가 오고,
밤이면 수많은 별들과 오손도손 이야기할 수 있고 -
보다 나무는 행동의 방향이란 거추장스런 과제에
봉착하지 않고 인위적으로든 우연으로서든
탄생시켜 준 자리를 지켜
무진무궁한 영양소를 흡취하고
영롱한 햇빛을 받아들여 손쉽게 생활을 영위하고
오로지 하늘만 바라고 뻗어질 수 있는 것이
무엇보다 행복스럽지 않으냐.

— 〈별똥 떨어진 데〉中, 윤동주

어디로 간들 생의 뿌리를 박지 못하며
어디로 간들 생활의 불평이 있을소냐.
척척하면 솔솔 골바람이 불어오고,
심심하면 새가 와서 노래를 부르다 가고,
출출하면 한 줄기 비가 오고,
밤이면 수많은 별들과 오손도손 이야기할 수 있고 -
보다 나뿌는 행동의 방향이란 거룩잖으런 과제에
봉착하지 않고 인위적으로든 우연으로거든
탄생시켜 준 자리를 지켜
거진적궁한 영양소를 흡취하고
명랑한 햇빛을 받아들여 손쉽게 생활을 영위하고
오로지 하늘만 바라고 뻗어질 수 있는 것이
무엇보다 행복스럽지 않으냐.

Lesson 19 기울어진 필기체 쓰기

- '세로획 기울여 쓰기'를 꾸준히 하면 '기울어진 필기체'로 발전시킬 수 있습니다.
- 글씨의 크기가 일정하지 않고, 'ㄹ' 받침의 모양이 멋스럽습니다.

판단을 유보하면 희망도 영원하다.
아버지가 점잔 빼며 말한 바 있고
나 역시 똑같은 태도로 다시 반복하지만,
인간이라면 응당 갖추어야 할 품위는
실은 날 때부터 사람 나름이다.
이것을 간과하면 다른 뭔가를 놓칠 수도 있다.

(중략)

오직 이 책에 이름을 제공한 개츠비,
내가 내놓고 경멸하는 모든 것을 대표하는
바로 그 인물에게만은 다른 기준을 적용할 수밖에 없다.

동영상 강의를 보고 써보세요

관람을 유요하며 최악도 영상과서,
이원하가가 경기 ○○에 일하 수 있다
나 역시 뜻같은 태도로 가사 세육하지만,
인간이라면 응당 각주에 잘 곱하고
같은 날 때쯤자 사람 사용하며,
어것을 간과하면 마음 원가를 느낄 수도 있다.
(경화)
호작 이 책에 이름을 기입할 때조에,
가까이 내들고 기업하여 보고 것을 대금하는
새로 그 안중에게만수 그들 기준을 적용할 수밖에 없다.

Lesson 19 기울어진 필기체 쓰기

인간의 개성이라는 게 결국 일련의 성공적인 제스처라고 한다면,
그에겐 정말 대단한 것이 있었다.
1만 마일 밖의 흔들림까지
기록하는 지진계처럼 그는 인생에서
희망을 감지하는 고도로 발달된 촉수를 갖고 있었다.
그러한 민감성은 '창조적 기질'이라는 미명하에
흔히 미화되곤 하는 진부한 감성과는 차원이 달랐다.
희망, 그 낭만적 인생관이야말로
그가 가진 탁월한 천부적 재능이었으며,
지금껏 그 누구도 갖지 못했고 앞으로도 그러할 성질의 것이었다.
아니, 결국 개츠비는 옳았다.

– 〈위대한 개츠비〉 中, 스콧 피츠제럴드

인간의 개성이라는 게 결국 일련의 성공적인 제스처라고 한다면,
그에겐 정말 대단한 것이 있었다.
1만 마일 밖의 폭풍까지도
기록하는 지진계처럼 그는 인생에서
희망을 감지하는 그토록 발달된 능수를 갖고 있었다.
그러한 민감성은 '창조적 기질'이라는 이름아래
흔히 미화되곤 하는 진부한 감성과는 차원이 달랐다.
희망, 그 낭만적 인생관이야말로
그가 가진 탁월한 천부적 재능이었으며,
지금껏 그 누구도 갖지 못했고 앞으로도 그러할 성질의 것이었다.
아니, 결국 개조버닌 물렀다.

우리는 일상 속에서 글씨를 써야 할 경우를 종종 만나게 됩니다.

글씨에 자신이 없는 사람들은 직접 쓰는 것을 피하고 싶어 다른 방법을 찾기도 하지요.

앞서 바른 글씨를 연습하는 과정을 통해 실력을 향상 시키고 자신감을 갖게 되었을 것입니다.

이제는 숫자 쓰기, 편지봉투 쓰기, 메모하기, 주간 계획표 작성하기, 카드 쓰기 등의

실생활에 필요한 글씨들을 여러 가지 글씨체로 써보세요.

Part 3
생활 속의 글씨 쓰기

Lesson 20 숫자 쓰기

- 주소와 전화번호, 금액, 순번, 개수 등 숫자는 일상생활에서 많이 쓰입니다.
- 몇 가지 숫자의 모양을 익혀 때와 장소에 어울리게 써보세요.

1	2
3	4
5	6
7	8
9	0

1 2 3 4 5 6 7 8 9 0

1 2 3 4 5 6 7 8 9 0

1 2 3 4 5 6 7 8 9 0

1 2 3 4 5 6 7 8 9 0

동영상 강의를 보고 써보세요

전화 메모

(윤혜영 과장)님께
자리를 비우신 동안 전화가 왔었습니다.

- 시간: 4월 25일 11시 30분
- 전화 거신 분: 블루인쇄 송경진 팀장님
- 연락처: 010-9432-1567
- 전달사항: 전화 요망

통화자: 권지은

전화 메모

( )님께
자리를 비우신 동안 전화가 왔었습니다.

- 시간:
- 전화 거신 분:
- 연락처:
- 전달사항:

통화자:

미팅 약속

- 일시: 5월 17일 4시 30분
- 장소: 강남역 스타벅스
- 연락처: 010-2345-6789
  신재진 대리님

미팅 약속

- 일시:
- 장소:
- 연락처:

<u>대한</u> 은행
<u>945324-07-167546</u>
(예금주: <u>이소라</u>)
<u>250,000</u>원

_____ 은행
_____
(예금주: _____)
_____ 원

주소 쓰기

택배나 편지 등의 우편물에 주소를 쓸 때, 보내는 사람은 좌측 상단에 받는 사람은 우측 하단에 적습니다. 국내 우편은 지역 면적의 큰 단위부터 작은 단위 순으로 적고, 해외 우편은 지역 면적의 작은 단위부터 큰 단위 순으로 적습니다.

편지 봉투

보내는 사람   최윤서
서울시 양천구 목동동로 430
참좋은아파트 101동 307호
0 7 9 8 6

받는 사람   넥서스 출판사
경기도 파주시 지목로 5

1 0 8 8 0

보내는 사람

받는 사람

동영상 강의를 보고 써보세요

택배 송장

보내는분	성명	윤혜진	내용물	도서			
	전화	010-1004-1234	• 안심소포로 접수한 경우에는 표기하신 내용물 가액의 범위에서(300만원 이내) 실 손해액을 배상받으실 수 있습니다.(우편법 제38조)				
	주소	인천시 남구 숭의동 2-123 꿈에본 아파트 103동 1007호 2 2 1 6 7	□착불소포	원	□안심(보험)		만원
			□파손주의	□취급주의	□대금교환		만원

-고객안내사항-
• 부패, 변질, 파손(훼손)이 우려되는 내용물은 '특수포장'할 경우에 한하여 접수 가능합니다. 책임 원인이 발송인에게 있는 경우 손해배상에서 제외됩니다.(우편법 제39,40조)
• 냉동·냉장물품은 보냉재(식용얼음 또는 아이스팩 등)를 넣어 포장하되, 식육류는 별도 진공포장 / 부패, 변질가능 우편물은 스티로폼 박스 사용

받는분	성명	임 종 호
	전화	010-3877-0999
	주소	서울시 마포구 양화로 1004길 좋은 카페 0 4 0 4 4

라벨 붙이는 곳
(우체국사용)

개인정보 유출방지를 위하여 성명, 전화번호, 주소를 제거 바랍니다.

보내는분	성명		내용물				
	전화		• 안심소포로 접수한 경우에는 표기하신 내용물 가액의 범위에서(300만원 이내) 실 손해액을 배상받으실 수 있습니다.(우편법 제38조)				
	주소		□착불소포	원	□안심(보험)		만원
			□파손주의	□취급주의	□대금교환		만원

-고객안내사항-
• 부패, 변질, 파손(훼손)이 우려되는 내용물은 '특수포장'할 경우에 한하여 접수 가능합니다. 책임 원인이 발송인에게 있는 경우 손해배상에서 제외됩니다.(우편법 제39,40조)
• 냉동·냉장물품은 보냉재(식용얼음 또는 아이스팩 등)를 넣어 포장하되, 식육류는 별도 진공포장 / 부패, 변질가능 우편물은 스티로폼 박스 사용

받는분	성명	
	전화	
	주소	

라벨 붙이는 곳
(우체국사용)

개인정보 유출방지를 위하여 성명, 전화번호, 주소를 제거 바랍니다.

Lesson 22 경조사 봉투 쓰기

봉투는 앞면 중앙에 인사 문구를 쓰고, 이음선이 있는 뒷면의 좌측 아래에 보내는 사람의 이름을 씁니다. 글씨를 따라서 써보고, 실생활에 활용해 보세요. 굵은 글씨는 싸인펜이나 붓펜으로 쓰는 것이 좋으나, 처음에 어려우면 색연필로 연습하는 것도 도움이 됩니다.

부의

賻儀

축결혼

祝結婚

최윤서

승진을 축하합니다

동영상 강의를 보고 써보세요

부의
축 결혼

賻儀
祝結婚

최윤서

승진을 축하합니다

Lesson 23 메모하기

글씨를 따라서 써보고, 나의 할 일을 자유롭게 메모해 보세요.

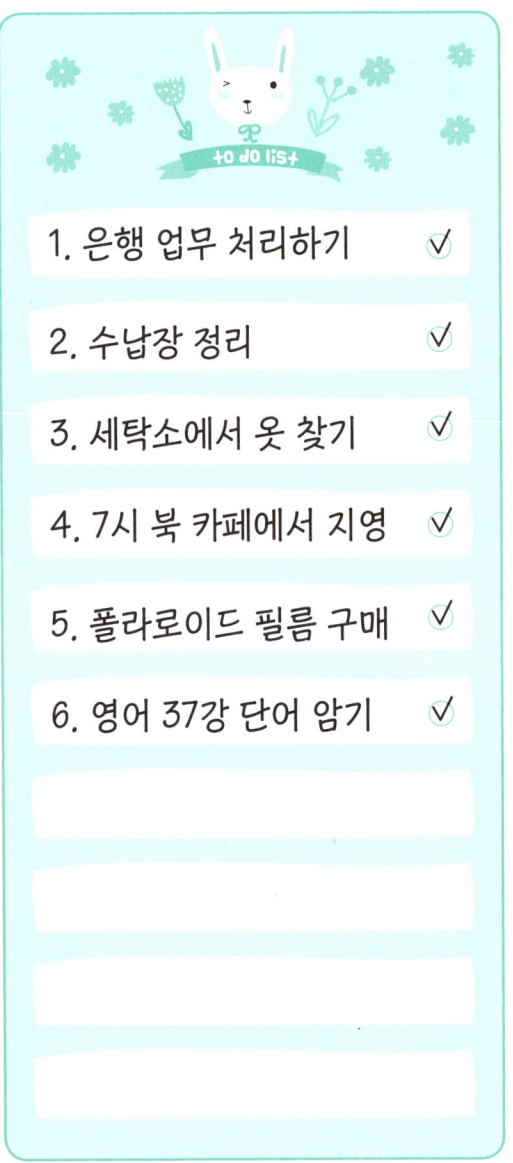

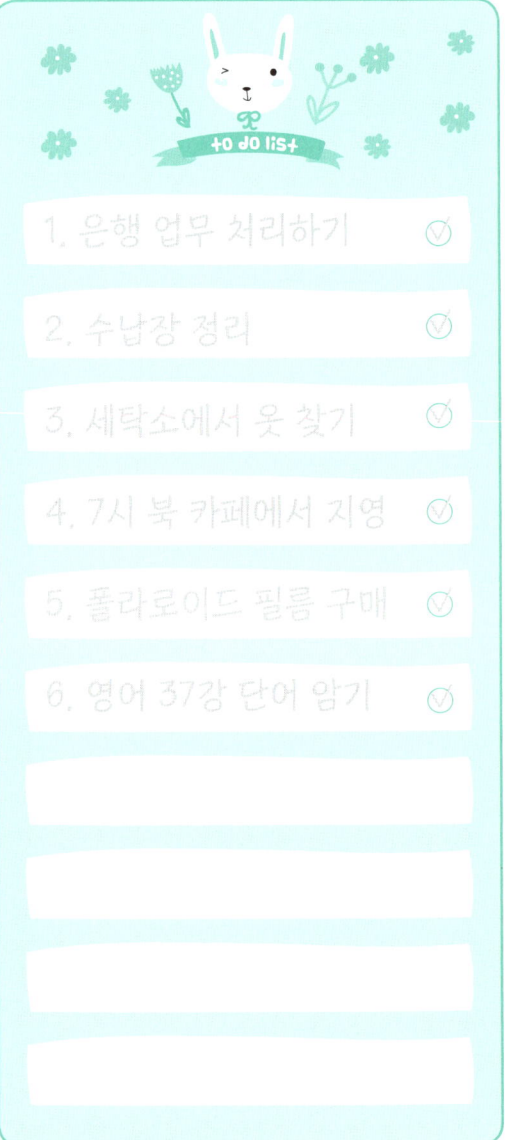

동영상 강의를 보고 써보세요

대형마트 구매물품

문구	샤프심 0.5mm	○
	강력 접착제	○
	10칸 공책 3권	○

| 의류 집회 | 양말(검은색) 10족 | ○ |
| | 줄넘기(가벼운 것) | ✗ |

| 육류 | 돼지고기(돈가스용) | ○ |
| | 닭 가슴살 | ○ |

과일 채소	씨 없는 청포도	○
	방울토마토	○
	쪽파 1단	✗
	세척당근 1봉	○

냉동 냉장	블루베리 1kg 1봉	○
	우유 2팩	○
	모짜렐라 치즈	○
	베이컨	○

대형마트 구매물품

(빈 칸)

Lesson 24. 계획표 작성하기

주간 계획표와 월간 다이어리를 작성해 보세요.

주간계획

7월	세부 계획	17	18	19	20	21	22	23
건강	스트레칭 30분	V	V	V	V	V	V	
	걷기-조깅		V		V		V	V
영어	EBS 2강의 시청	V		V		V		
	그래머 브릿지 3	V		V	V		V	
글씨	캘리그라피		수업		'덕분입니다' 작업			낙관
	손글씨 나혼자 조금씩	V	V	V	V	V	V	V

동영상 강의를 보고 써보세요

월간 다이어리

일	월	화	수	목	금	토
	1	2 10:30 대한물산 미팅	3	4 김대리님 점심약속	5	6
7 내사랑 생일♥	8	9	10 ★월급날★	11	12	13
14	15 연차 휴가	16	17	18 팀 회식	19	20
21	22	23 2시~4시 외근	24	25	26 마감	27
28	29 건강검진	30	31 월말작업			

월간 다이어리

Lesson 25 카드 쓰기

정성이 담긴 손글씨로 축하 · 감사의 마음을 전해 보세요.

생신을 축하합니다!

항상 건강하고 행복하세요.
사랑합니다.

2017. 4. 6.
큰아들 올림

생신을 축하합니다!

항상 건강하고 행복하세요.
사랑합니다.

2017. 4. 6.
큰아들 올림

동영상 강의를 보고 써보세요

원호야, 졸업을 진심으로 축하해.
그동안 쌓은 실력으로 사회에 나가
너의 뜻을 펼치고
세상 사람들에게 많은 도움을 주는
성숙한 어른이 되길 바란다.

2017. 2. 아빠가

Lesson 25 카드 쓰기

스승의 은혜에 감사합니다.

우리의 반복되는 실수도 사랑으로 감싸주신 선생님,
진심으로 감사하고 존경합니다.
선생님의 가르침과 은혜를 잊지 않겠습니다.

1학년 6반 일동

스승의 은혜에 감사합니다.

우리의 반복되는 실수도 사랑으로 감싸주신 선생님,
진심으로 감사하고 존경합니다.
선생님의 가르침과 은혜를 잊지 않겠습니다.

1학년 6반 일동